做个明白人

如瑞 著

社会科学文献出版社
SOCIAL SCIENCES ACADEMIC PRESS (CHINA)

目 录

003　奥秘来自生活
006　自利与利他
009　布朗的手帕
012　从自身做起
014　常礼敬佛陀
016　常礼敬达摩
020　常礼敬僧伽
023　转烦恼成菩提
029　依靠三宝
031　爱护僧团
035　祈请善知识应具之心
039　向老和尚学习
041　亲近莲老法师的点滴
047　佛子行

049　常怀感恩
052　让心与佛相应
055　切莫将经容易看
057　直心是道场
060　佛是怎样成的
063　知幻即离
065　看看自己的修行如何
069　怎样守护六根
073　做自己生命的工程师
079　勤转念　证菩提
083　智者不放逸
085　心护得安乐
087　烦恼从哪儿来
093　未成佛道　先结人缘

096　开拓进取
099　将往何去处
101　养成良好的修行习惯
104　俭以养德
107　去三业不善
111　脚踏实地　积极进取
114　当念无常
118　举眼向上
122　朝山的意义
124　别把佛法世俗化
127　戒香遍法界
129　维护正法
131　对待越少　快乐越多
135　成就来自责任
138　善巧对治习气
141　质变离不开量的积累
144　安住于道
147　真信佛吗
150　降伏自心的秘诀
154　学佛要明白什么
157　用智慧指导人生
160　谈谈修行体会
164　培养道德

167　练习内观
170　把握当下一念
173　持戒与用心
176　修行需从点滴做起
178　不要想着自己的时间还很多
182　念死也是一种智慧
186　出家乃大丈夫之事
191　学以致用
194　慈悲与智慧
199　具足修行的前方便
201　一念一种子
205　承认自己是凡夫
208　修行不必赶时髦
211　修行人就是要学减法
214　实语第一味
216　以佛见为己见
219　学会观照
221　难学能学　难行能行
224　感恩别人来挑刺
227　真正的智慧
230　尊重之道
233　感恩与责任
235　借事练心

每天让自己的心沉静沉静,要能够回光返照一下。慢慢在一天当中,能够觉察到自己的心念住在什么地方,错的及时纠正。我们不是圣人,不能念念都保持正确,但是我们一定可以做到,第一念错了,第二念把它纠正过来。

经幢

奥秘来自生活

很多奥秘需要在寻常的生活当中去寻找。

从前两天的座谈中得知,大家最怕的是"上榜"①。以前的金榜题名都是好事,为什么大家这样怕呢?听了以后,就有了一些感想。现在先讲两个小故事,大家思惟思惟。

有父子俩是开饭馆卖打卤面的,打卤面的调料调配得特别好,谁家的都没有他们家的好吃。儿子跟父亲干,父亲经常告诉他这样做,这样做。但是他跟父亲做了这么久,父亲调配打卤面的秘密究竟在哪里呢?他也不懂得。他一直想问,但又觉得:既然父亲不教,我要是问,父亲能不能告诉啊?所以一直没问。

有一回他父亲遇到一场大难,好不容易逃命回来了。父子俩抱头痛哭,劫后余生,别有一番情感。儿子突然想起来:我要问问父亲打卤面的秘方,倘若这次父亲回不来,不就失传了?

于是他对父亲说:"父亲啊,我觉得自己好像不是您的亲生儿子一样。"父亲说:"这从何提起啊?"他说:"跟了您这么多年,您也没教给我调配打卤面卤汁的秘方。"

父亲就说:"儿子呀,今天给你讲一个老实话,你可不要失望。咱这打卤面,就没秘方。"儿子先愣了一下,但他毕竟是悟性很高的人,一拍手说:"父亲,我明白了!"

大家要回答的是,他明白了什么。

另一个小故事:有位打铁的师傅带一个徒弟,徒弟跟师傅干了很多年,打铁的手艺远近闻名。人们都说打铁的这个老匠人,肯定有一个秘方的。徒弟也想,师傅虽然在教我打铁,但肯定在关键的地方有秘密,只是师傅变换了手法,没教我而已。所以眼巴巴地等着有一天,师傅把这个秘方传给他。

就这样日复一日,年复一年,老匠人病倒了,躺在床上就要往生了。徒弟着急地想:一旦师傅一口气上不来,跟了这么久也没学到打铁秘方。所以他就跪在师父跟前说:"念在这么多年跟着您,您还是把打铁的秘方告诉我吧!"

师傅说:"好啊!徒儿你过来,我悄悄告诉你。"徒儿赶紧把耳朵凑到师傅嘴边,师傅就告诉他:"铁烧红的时候,千万不要用手去摸!"

你们参参,这里头又是什么道理。

两个故事虽然不同,但是讲的理是相同的。不管是做打卤面也好,打铁也好,实际在平常当中,做父亲的或者做师傅的,已经全部告诉儿子和徒弟了,但是做儿子和徒弟的,总想可能还有一个什么密招在里面。所以,很多奥秘需要在寻常的生活当中去寻找。

———————

①上榜:出家人因违反僧团规定,名字及过失被公布于众,以示警觉。

自利与利他

向佛陀学习，无非就是要使自己的断德、智德和悲德不断地增进圆满，也就是圆满自利利他的事业。

接触到几位同参道友，大家谈的话题都是无常迅速，要及早准备。本来嘛，佛法再高深，起修的时候一定是从观无常开始的。

近代净土宗大德印光大师，他是怎样激励自己修行的呢？就是"常把死字挂在眉，才觉西方有滋味"。还有一些古大德，他们的案头或写着"生死事大"，或写着"还有没有明天"一类的警策语。甚至有些修行人，他上床的时候就会想到可能明天不会再起来，所以他每天都要把死以后的一切事情料理清楚。为什么要这样做呢？因为他们真正懂得了"无常迅速，生死事大"的道理。

《无常经》里说："此老病死，于诸世间，是不可爱，是不光泽，是不可念，是不称意。由此三事，如来应正等觉，出现于世，为诸众生说所证法，及调伏事。"《法华经》中说：佛出世的一大因缘，是为了让我们开示悟入佛的知见。我们修行就是为了解决这个问题,所以不管我们年岁大的也好,年岁小的也好,只要你是个修道人,就要常常提醒自己:我是修道人,一定要向佛陀学习,好好修行。向佛陀学习,无非就是要使自己的断德、智德和悲德不断地增进圆满,也就是圆满自利利他的事业。

佛在《法句经》里说:"得生人道难,生得寿终难,得闻正法难,遇佛出世难。"我们已得难得的人身,得闻难闻的正法,应该好好地珍惜,抓紧时间精进地来成办自利利他的事业。

特别是在当今这个时代,我们所肩负的责任实在是太重了。为什么这么说呢?我接触到很多居士,虽然他们在家很刻苦地修行,学的也很多,但很少有人给他们理顺一下。如果有人引领,他们就能知道,不管修哪一门,学哪一法,都是"归元无二路,路路都通达;方便有多门,门门都解脱"的,所以彼此之间应该团结互助。如果因为所学法门的不同,不能互相理解而出现纷争,这样对佛法的危害是相当大的。因此,众生实在太需要弘法者,有太多的事情需要大家去面对、去承担。

尤其在这个时代,很多人曾经一度对大陆的佛法很失望,觉得大陆哪有真正的僧团好好地修行办道。而普寿寺,可以说很多人寄予了期望。来过这里的人都说,在普寿寺的感觉非常好。为什么会产生这样的感觉呢?毕竟有这么多的修行人在这儿修道，虽然看上去都是凡夫，但里面难免也会有圣人的。一旦形成一个团体，就是僧宝的力量。

末法[1]时代，能够建立如法的僧团，会让很多不信的人生信，已信的信心增长。我们要把真正的佛法弘扬出去，师父们实在应该很好地努力，一方面要自度，另一方面要能够利他。其实自利与利他又是相辅相成的，因为我们如果不发利他的心，也就是说不发成佛度众生的心，是没有办法来圆满我们自己的。所以，既要从断证上下功夫，又要能够增长智慧，从利他上面来获得圆满。

---

[1]末法：正像末三时之一。谓去佛世长远而教法转微末之时期也。又，如来灭后，教法垂世，人虽有秉教，而不能修行证果，称为末法。

布朗的手帕

佛法教导我们出家人要少欲知足,清净无为,为利有情愿成佛道。最完整的、最博大精深的思想只能在佛法里面找得着,但是我们佛弟子做的又如何呢?也许我们的目标很大,但是我们做得并没有到位。

我给大家讲个真人真事吧!最近在报纸上看到一个名为《布朗的手帕》的故事。布朗是大家公认的当代美国思想家,他很富有。但就是这样一个富有的人,他的生活却是极其俭朴的。他能住得起高楼大厦,但是他住进了一个仅能供他工作的房子里。更让人不能理解的是,三十年了,社会一直在发展,可他的口袋里却始终装着一块手帕。他对自己的要求很严格,从来不用纸巾。

现在人们不管是手脏了,还是手湿了,都会用纸巾来擦。以前人们买菜都会提上一个小篮子,现在都习惯用菜市场里提供的塑料袋。布朗之所以不用纸巾只用手帕,是因为他算过账。我们长期使用一次性的筷子、纸巾,会导致地球上的森林遭受破坏,人间的灾难重重。大家都知道，塑料袋对我们这个地球并没有什么好处，只会把垃圾留下来。埋过塑料袋的地方不会再生长植被，但是人们不愿意去做不用塑料袋这件事。

我常常也生惭愧心。跟大家说个老实话，在发心出家的时候，对自己的要求就是抛开一切。在世间的时候总认为自己是很高尚的，什么都不需要。但现在慢慢地发现，和世间的贤达之士比一比，也许他没有出家人的这种福报，或退一步说可能没有闻到佛法，但是他把人做好了。虽然他不懂得什么叫菩提心，但是他知道爱护这个地球；虽然他的力量很微薄，但是他知道从节约一滴水、一张纸做起。

佛法教导我们出家人要少欲知足，清净无为，为利有情愿成佛道。最完整的、最博大精深的思想只能在佛法里面找得着，但是我们佛弟子做的又如何呢？也许我们的目标很大，但是我们做得并没有到位。

看了这则报道，我很感动。反观一下：我们学佛有没有每天都小心谨慎地从节约一滴水、一张纸开始？吃饭时有没有从节约一粒米开始？佛陀说，我们吃饭的时候要想到众生，少吃一口，不要吃那么足，留一些给饥饿的众生。

我们吃饭的时候有没有真正做到食存五观[①]？有没有发起度一切众生的愿？佛太慈悲了，为我们想得很周到，知道怎样才能真正地解脱成佛，怎样才能够度己度人。我们不能只停留在说和研究上，更重要的是学以致用，这才是真正的佛子之行。

　　佛在世的时候有很多外道，其中不乏一些思想家。曾有一位思想家著作等身，但是他活得很痛苦："为什么我写了这么多东西，有这么丰富的思想，可还是不能解决自身的痛苦呢？"于是他来到佛陀那里，佛什么也没有说，只是笑了笑，他回去以后就开悟了。思想家意识到自己只是在不停地思考，而更应该的是去躬身实践。理论固然很重要，但更重要的是实行。

　　昨天常住要推煤，我比较粗心，没有考虑价格等。当家师发现，如果要雇用铲车推煤，就要多花一万多元钱，于是就赶快制止了。她说我们同学可以抬，这样就可以节省一些钱。这说明从知事到同学都知道了要克勤克俭，多修行少受用，把我们的生活水平降低到最低标准，只要能维持我们的色身，可以修行办道就足够了，不需要太多其他的东西。那我们就知道了，当一个出家人是多么地洒脱！我们真的不需要太多，我们不妨学习布朗，从节约一滴水、一张纸开始。

---

①食存五观：受用饮食时，应做以下五种观想：一、计功多少，量彼来处；二、忖己德行，全缺应供；三、防心离过，贪等为宗；四、正事良药，为疗形枯；五、为成道业，应受此食。

从自身做起

对于佛法,既然现在大家从各个方面都给予了很大的支持和很高的期望,这就需要我们四众弟子从自身好好做起。出家人更是要有学、有修、有证,这样才能不辜负政府给予佛教这么高的评价。

昨天,国家宗教局的一位领导在接受新华社记者采访时说,佛教将因中国而大放异彩,中国将因佛教而拈花微笑。我听了以后,内心既高兴又有一种紧迫感和使命感。

我们平时也会发现,不管是在官场还是在老百姓的生活中,有很多用语是佛教术语。我们作为佛教徒,必须通过内在的充实和外在的人天师表形象,切切实实地来振兴佛教。不单单要考虑到怎样适应这个社会,还要考虑到我们的"本"是什么。

我们现在对普寿寺做的远景规划,也都是与和谐社会联系在一起的。作为一个僧团,就要有僧团严格的僧制,大家都要去遵守。净人居士来寺庙里发心锻炼,更是要注意到自己的身份。大家都知道,现在普寿寺正处在一个特殊的阶段。老和尚在这里讲经，给大家提供了闻法的机会，大家也可以来看看这个僧团是如何运作的。既然有这样一个客观条件，不管临时来的，还是在这里久住的居士，一定要给自己一个严格的要求，在一个清净的僧团里，一定要有上下尊卑之分。

  对于佛法，既然现在大家从各个方面都给予了很大的支持和很高的期望，这就需要我们四众弟子从自身好好做起。出家人更是要有学、有修、有证，这样才能不辜负政府给予佛教这么高的评价。希望我们师父们、居士们都能自强不息，共同努力，真正让佛法在中国乃至全世界大放异彩！

常礼敬佛陀

> 乔达摩弟子，常善自醒觉，
> 无论昼与夜，彼常念佛陀。

今天给大家讲一个小故事。佛在世的时候，发生了这么一件事：有父子俩，父亲以砍柴为生，儿子帮助父亲，每天砍好柴以后，就用车拉到城里。有一天，没想到车走到半路就坏了。于是，父亲就告诉儿子说："你在这里看着，我到城里去想办法。"等父亲赶到城里的时候，天已经黑了，没来得及出城，城门就关了。

小孩子在焦急的等待中不知不觉进入了梦乡。天黑了，正好两个饿鬼经过这里，看到这个小孩高兴地说："太好了，我们又有一顿丰盛的美餐了。"一个鬼说着就去拉小孩的脚。因为小孩的父母都是虔诚的佛教徒，是信仰三宝的，从小受家庭的熏陶，小孩子也是极其信奉三宝的，所以一拉他的脚，他自然而然地说："礼敬佛陀。"鬼又拉了一次，小孩又说："礼敬佛陀。"这鬼无比惊讶："大事不妙，这是佛陀的弟子，我们不能伤害他，得敬重他！"

后面的故事，两个鬼不但没有伤害这个孩子，反而化现成小孩父母的样子，将小孩照顾得无微不至。第二天，他们一起去拜见佛陀，佛就说了前面的偈子："乔达摩弟子，常善自醒觉，无论昼与夜，彼常念佛陀。"

从这个小故事当中，我们就可以领悟到：作为佛的弟子，我们应该常善于觉醒，不要迷惑。无论是白天还是黑夜，一切时一切处都应该缘念佛陀，同时还要缘念于法、缘念于僧。从故事当中，我们也要体会缘念佛陀的功德利益，念佛陀，鬼都不敢害的。这个小孩子，他之所以在被鬼拉了脚的时候能够念"礼敬佛陀"，我们可想而知，他平常一定是常常顶礼佛陀的。顶礼佛，两足尊，这是很自然的一个条件反射。

我们修行，不在于要学多少。也就是说，当我们学的时候，相应一定要醒觉，知道所学的是在说什么。戒律也需要很好的熏习，彼此提携帮助才能够进入。无论是做一名世间的老师，还是做一位传授佛法的老师，都必须经过一段相当长时间的严格训练，从道德学问各个方面真正达到以法自师，这样才能以法师人。真正的弘法利生不只是传授一下佛法的知识，它的核心是帮助众生将佛法一点一点地深入内心中去，从而慢慢地改变自我，在佛法上真正地得到受益。希望大家都能够用智慧、理智和行动谱写出我们生命中最美妙的菩提乐章！

常礼敬达摩

乔达摩弟子，常善自醒觉，
无论昼与夜，彼常念达摩。

昨天给小班上课，与大家互动：世界上什么最尊贵？回答：道德最尊贵。世界上什么寿命最长？众答：智慧的寿命最长。古大德说过："尊莫尊乎道，美莫美乎德。道德之所存，虽匹夫非穷也；道德之所不存，虽王天下非通也。"

"尊"是尊重的意思。我们要尊重什么呢？这就是告诉我们要尊重于道啊！道是最尊贵的了！美是佳的意思，佳是好的意思，就是说最好的最美的，莫过于德。

出家修行修什么呢？就是要天天于道有所得，这样就能称之为道德。所以，在解释道德的"德"时是这样说的：德者，得也。能得道于心，就谓之德。"道"字是从首从车，这就说明一个人的道德是首先应被重视的。世间有世间的道德，出世间有出世间的道德，戒律就属于道德的范畴。

世俗人的道德标准，即儒家所说的不懂得孝悌忠信，不懂得仁义礼智，就没办法在世间做一个好人，就没办法在世间很好地生存。我们作为出家人，要是离开了道德，没有戒律的约束，也就不能尽到一个出家人的责任，就不能做一个像样的出家人。就是说，从外相上看都不像一个出家人的样子，又怎么能够有出家人的心呢？当然，像道济和尚①一样现密行度化众生，那是例外的。

可是反过来说，道德实在是重要的。从修行上讲，倘若你对戒律无所知，那么无论修哪一宗、哪一派，总是没有根底的。昨天跟小班也在讨论：为什么不学戒律而去学他宗是会有过失的呢？如果一个出家人不学戒、不懂戒，犯戒就会有过失的。佛没有制不学禅犯过失、不学密犯过失、不学显犯过失，但却有制若不学戒，即使不犯戒也要得不学无知罪。

戒律不是我们从本本上看一看、学一学就好了，而是要我们从日常生活当中学会去观照、观察的。知道了哪些习气不符合佛的教，就应该慢慢地改。以蕅益大师的教诫"骨宜刚、气宜柔"为例来说，真正的自我检点是要落实在我们的生活当中——不能有傲气，更不能随便发脾气，不能动粗气。小班同学还说："不能娇气，不能小气，不能妖气，不能漏气……"总而言之，就是要看看我们在生活当中，哪些不合于我们修道，不合于出离，不合于成佛，我们就要去除这些不良习气。

好的习惯是培养出来的，所以要天天练习。今天练习，明天练习，后天也练习，这样串习下去就可以纠正我们很多坏的习气。那么怎样才能够很快地纠正这些坏的习气呢？这就需要我们把佛的法记在心里。

佛告诉我们："乔达摩弟子，常善自醒觉，无论昼与夜，彼常念达摩。"达摩即是法，让法住于我们的心中，一个内心里充满佛陀教法的人，他会时时提醒自己不能够偏离于法的。所以，念佛、念法、念僧，这是我们每一位出家人每天都要来把持住的。

今天我们提倡世界和谐是因为世界不和谐，所以才提倡和谐。如果现在世界是和谐的，那还需要再提倡吗？作为出家人，如何为和谐世界贡献力量呢？我们知道出家人首先应该心和谐，只有依于佛的教，才能和谐我们的内心，去除我们的贪嗔痴，继而去推动人与人的和谐。当然，这是最浅的了。那么再深一点，岂止是和谐，心、佛、众生三无差别，那是需要互相融入的。所以你要融入我，我也要融入你，一个人的心要能够融入所有的众生啊！

因此，我们不要自以为是，要谦下心来，要知道我们现在什么都不是。不是口头上学了那么几句，就站起来好像知道了点什么。修行也是要天天这样串习的，天天学，天天修。所以说学习理论上的东西很容易，但要在生活当中磨炼我们自己,那实在是很不容易的。因此,大家要看破、放下、自在、拿起,珍惜光阴,精进修道!

———————————

①道济和尚(1148~1209年),南宋僧人,祖籍浙江,后人尊称"济公活佛"。

常礼敬僧伽

> 乔达摩弟子,常善自醒觉,
> 无论昼与夜,彼常念僧伽。

前几天,我们说了《法句经》里面的几首偈:"乔达摩弟子,常善自醒觉,无论昼与夜,彼常念佛陀。"第二偈的前三句同第一偈,最后一句是"彼常念达摩"。第三偈与前二偈基本相同,只是第四句为"彼常念僧伽"。由此可知,这三偈合起来,就是告诉我们要常念于三宝。

可能我们每个人平常都有一种渴求法的心,总希望能得到一个最高的法,一个最直截了当的法,所以相应地就会寻找种种的方便。不管佛陀也好,一些善知识也好,告诉了我们很多方便的法门,这我们常常都能听到。方便法门虽然很多,但你想过没有,你自己有没有趣入这种法门的方便呢?在修行的路上有资粮道,我们自己修的资粮够不够呢?

这几天下午给小班上课,我就在那儿打妄想:要是同初学的比丘尼一起学习,是不是应该让她们对佛教的根本有一个理解?我曾经接触过好多的出家人和在家人,有些在家人求法的心更为迫切，他们的真实想法是，就要找那个最高的法来修。

但到了这里，我只会给他们一个最低的，同时也是最根本的。想得到最高的法，那就必须要从最基本的开始做起。如果没有基础，就像盖房子一样，上面虽然盖得很好，但那是很危险的，总会有倒塌之危。不只是修行佛法，即使在世间做学问也是一样的，没有一蹴而就的道理，都要经过天长日久的积累才会觉醒。

为什么学佛法要闻思修？当我们渴望达到高的时候，往往忽视了最基本的东西。常念于佛陀的时候，你有没有在那里好好地观想佛的恩德、功德？佛陀是觉悟的圣者，他的身口意早已离开了种种恶法，是清净无染的，不会有任何的恶思恶行。对照一下，我们自己呢？

所以我们要常常缘念佛的恩德、功德。如果一个人的心天天住于念佛的恩德、功德当中，他一定会不断地升华自己，他的身会离于恶，心会离于恶。念法也是如此。学了四谛、三法印、十二入、十八界以后，你能不能就法上去缘念思惟呢？这些法又都是用来做什么的呢？当你的心缘于法的时候，这颗心一定不会再去造作其他的，这也是一种训练。同样，作为佛的弟子，如果常常自觉醒，无论昼与夜常念于僧伽，当你念大众僧的时候，就会想到僧的功德。所以，缘念三宝也是可以修禅定的，就看我们如何训练了。

然而，当有人恶意地批评我们时，我们不会想到礼敬佛陀、礼敬达摩、礼敬僧伽，而是通常做出来相应的对付方法：你骂我，我是不是也要想办法立刻还击？我们学了很多，如果真正肯去练习的时候，就会发现实践得太少了。我们自私自利的心、狭隘的心，常常把自己给束缚了。

世间人为什么会有苦恼？因为他们不知道应该把心放在什么地方，于是就用这颗心去寻找所谓可以依赖，并能给自己带来快乐的人。我们会发现，当世间人对他所挚爱的人产生了爱恋，对方也愿意接受的时候，实际彼此就产生了一种依附，随之而来就会产生一种痛苦——你只能对我好，不能对其他人好。因为爱有了范围，内心有了希求，所以就会导致种种的痛苦。这种爱看上去是乐，实际上导致的是苦。

我们修学佛法以后就会知道，要把众生当成自己的父母兄弟来对待、来慈爱。当你没有一个爱的范围，当你对众生产生无私的慈爱的时候，你就会发现心胸是如此地开阔自在，没有什么东西能把你障碍，你的心会自自然然得到自在。

我们在做过种种思惟之后，就应做出明智的选择。当世间人口渴难耐，没有淡水喝的时候，赶快喝一口海水，当下似乎解渴，过了以后才知道嘴巴里的味道是多么地难受！我们宁愿不去尝那口海水，也要去寻找那属于我们自己的真正的快乐，这才称得上是最有智慧的人。

转烦恼成菩提

我们不是圣人，不能念念都保持正确，但是我们一定可以做到第一念错了，第二念把它纠正过来。

省庵大师在《劝发菩提心文》中劝导我们要发菩提心，但发菩提心的前提是要树立正知正见，正知正见有了才能真正地发起菩提心，所以要不求名闻利养，不贪欲乐享受。修行首先要能放下贪著，粗的五欲色声香味触，或者财色名食睡，乃至人天之乐果都不求的。要真正为生死、为菩提而发心，如是发心名之为正，如是发心才算是发了正确的菩提心。

什么叫做真呢？省庵大师说："念念上求佛道，心心下化众生。"念念，心心，都离不开我们这一念的心。具体要怎么做呢？"闻佛道长远，不生退却。观众生难度，不生厌倦。如登万仞之山，必穷其顶。如上九层之塔，必造其巅。"乍听起来，这话好像很大。真正去做呢，觉得不容易。但久久地我发现这话太实在了，不是大话。

在我们的生活当中，不要去贪求名闻利养、欲乐享受等，这不是实实在在地告诉我们去做吗？而"念念上求佛道，心心下化众生"，也是可以达到的。我们知道，佛临涅槃的时候告诉我们要以四念处为住，以戒为师。智者大师在《观心论》里特别地提到，诸多法门当中为什么佛临入灭之前要告诉我们以四念处为住、以戒为师，并且强调二者要结合起来。

如果就小乘四念处的修法，当然是观身不净、观受是苦、观心无常、观法无我一个一个地去修。实际，这些都没有离开我们的心。所以，大乘根机的人有那样的悟性，当下就能够理解生死即涅槃。他不需要一个一个去修，可以总修，知道生死是怎么生起的，当下就能够除灭，烦恼即菩提。

烦恼和菩提没有离开这个心，只在于转念之间，所以修行，如果是利根人，可以直接从转化心念入手。只是我们这颗心太难调了，你可以从小乘的四念处一步步来修。四念处没有离开慧，而戒——波罗提木叉，是讲行的。如果慧是眼，行就是脚，只有有眼有脚，才能让我们达到了脱生死的彼岸。如果说四念处归在智慧庄严，那么戒律就是福德庄严。拿六度来讲，如果四念处是般若，戒律就是其他的五度。

不管怎么样讲，都离不开戒的。持戒，没有离开我们念念的这颗心，念念的这颗心要缘在什么上面呢？就是要缘在"上求佛道，下化众生"上面。所以，我久久地思惟，也慢慢在拨正自己。我以前都想，《劝发菩提心文》是讲道理的，劝化人的。我现在才知道，是实实在在能依照去做的。如果能天天"念念上求佛道，心心下化众生"，你想想，这个人他从行为上表现出来，一定是一个忘我的人、一个奉献的人、一个真正学佛的人。因为"上求佛道"就是要看看佛怎么想，佛怎么说，佛怎么做；"下化众生"就是要效佛之行的。如果说"上求佛道"求的是智慧，那"下化众生"修的就是福德。所以，理越明的人，行起来越认真，因为他真正知道这两者的关系缺一不可。

我们学佛已经很久了，有没有静静地来思惟过佛的一句话，祖师的一句话？我突然发现，从初出家那个时候接触到的东西，我真的做不到，所以才有感白居易去亲近鸟巢禅师时他们之间的对话。

白居易是个大学问家，当然，他想了解到最根本的佛法、最深的佛法。鸟巢禅师告诉他："诸恶莫做，众善奉行，自净其意，是诸佛教。"他听了以后说："这是三岁小孩都能说得来的。"但鸟巢禅师告诉他："八十老翁做不来。"

从这个公案我才体会到，说了半天，八万四千法门，归回来就是让我们一切恶都不要做，一切善都要去修，好好地来净化我们这颗心的。那么多的佛法，都是来教给我们做这个的。如果你要净心，没有前面的一切恶不做，一切善去修，是没有办法的。从事相上粗的东西都做不来，还能去观照自己的心吗？它们彼此是互相联系的。若用止观去对应，也没有离开；如果用智慧和福德，也很相应。所以，这个公案太好了。

当我重新翻开《威仪门》的时候，觉得很惭愧，有些我都没做到。《事师篇》里第一句"事师如事佛"，我亲近老法师的时候，对这句话可能根本没有理解，更没有从内心里真正懂得。不过幸好有点善根，还能够听话，才避免造很多的过失。我现在才懂为什么要把善知识看成佛，才能够理解《华严经》里面说的善知识是如来使者，才知道把善知识看成佛，原来是自己得到利益的。

我们要对自己负责，因为你所起的心念，乃至所做的一切，都是你未来的果。我这才能够理解，为什么老法师在世的时候一直告诉我们一个修行人要如履薄冰、如临深渊，因为心念可畏啊！所以，不要去说别人一句坏话，由此让自己感到很懊恼。哪怕是一个不好的心念，都要赶快忏悔呵责自己：怎么又起这样的心念？

最起码现在能够知道自己的起心动念了，在刚出家的时候都不知道自己这一举一动，这一念念都住在什么地方。所以才能够真正理解智者大师为什么说要以四念处为住、以戒为师，这两个不能分开。

同学们，不要光是学，每天要让自己的心沉静沉静，要能够回光返照一下。慢慢在一天当中，能够觉察到自己的心念住在什么地方，错的及时纠正。我们不是圣人，不能念念都保持正确，但是我们一定可以做到第一念错了，第二念把它纠正过来。

大家住在普寿寺，这里就是一个静静的，按愿老法师①制定的宗旨纲领修学的地方。能住，大家共住，安安静静的。不能住，你就找别的地方去，都是没有关系的。但是我们在的人，必须要对自己负责，因为生死的事，只能自己了。如果别人能帮助了，我们的本师不会让我们一直流转到今天，所以我们应该来考虑考虑自己的生死大事。

值得我们感恩的实在太多，而我们怎样对佛法来做贡献？就是发大道心。大道心就是成佛的心，广度众生的心，就是"念念上求佛道，心心下化众生"的心。前提是，我们从事相上不要去贪求名利、贪图五欲享受。不把世间的东西放下，又怎能尝到真正的法味？佛法的东西，你是没办法得到的。要摸头自省，知道自己是做什么的。人命无常，光阴不再，确实应当好好珍惜！

---

①愿老法师：上通下愿法师（1913～1991年），中国当代名尼。俗姓翟，名尧臣，祖籍山东，祖父辈迁居黑龙江双城

县。自幼读书，1937年考至北平大学女子文理学院经济系。1940年师从慈舟老法师出家，法名通愿，号妙体。1941~1955年于北京通教寺参学，依止开慧比丘尼。1956~1985年住五台山，弘传戒律，培养僧才。1982年，与隆莲法师合作，恢复比丘尼二部僧戒。曾任五台山佛教协会副会长、山西省佛教协会副会长、中国佛教协会常务理事。一生简朴，清高淡雅，志坚行苦，爱国爱教，广为僧俗称颂。

依靠三宝

> 心若不安定，又不了正法，
> 信心不坚者，智能不成就。

许多人对密法很好奇。其实我们在座的几百人，若心志相同，同诵一句咒或一部经、一句佛号，然后都专注于回向一件事情上，没有不灵验的。现在大家众志成城，诵经回向修建顺利，令我很感动。相信三宝加被，一定会有感应的。

这次下山，我的心也动摇过：是否应该去找相关的部门求助一下？但突然一种强烈的信念产生：千寻，万寻，不如就路还家寻根；千找，万找，不如归投文殊怀抱。依靠三宝，该成即成，该了即了。

我们的依靠就是三宝，我相信大众僧的力量，相信三宝加持的力量，我们不去求。作为一个出家人，我们堂堂正正，因为我们需要这样的法堂，需要这样的大殿，对内我们要使用，对外要给众生建立三宝，开众生的三宝知见。我们没有什么心虚的，所以我们谁也不求，谁也不找，我们只依靠三宝,依靠大众僧的力量。

《法句经》里说:"心若不安定,又不了正法,信心不坚者,智能不成就。"

这是佛告诉我们:修行,首先要让心能够安定下来,天天努力地学修正法,知道正法是什么。让我们具足信心,不要在紧要关头把三宝放到一边,去找其他的依靠。世间的一切都是无常的,都不是我们的依靠。如果所做的事业是对众生有利益的,三宝一定会加持,众生一定会拥护。坚定的信心是取得成功的条件,有了信心,我们的智慧就会成就。如果连信心都没有,就会乱了方寸,乱了方寸是一定达不到智慧成就的。

我们听佛的话,大家要团结一致来祈求三宝加被。不管什么事情发生,我们只要信心具足,做我们出家人应该做的事情就可以了。

爱护僧团

有损于六和僧团的话，我们坚决不说；有损于六和僧团的事，我们坚决不做。这就是在不断拨正我们的心念，也就是将一颗无依无靠的心，转变成一颗缘念三宝的心。

偶然到工地转了一下，路过各个地方就想提示一下：我们住在僧伽蓝内的每一个人都是有责任的，所以要随我们的心，随我们的力，来做我们应该做的事情。

以前我说过，一个道场里有些老修行，每天都能看到他们默默的身影，手里拿着一把扫帚，扫扫这里扫扫那里，好像外面的境对他没有什么妨碍。他们能借扫地的外缘，来警觉自己扫除内心的尘垢。我们要珍惜寺庙里的一木一钉，一寸铁一颗钉都是要引起我们注意的，最主要的是要培养我们一颗爱护常住的心。

昨天给小众[①]上课，给我这样一个启示：说到怎样让小众有自己活动的场所，我想那只是个外缘。曾经有人这样告诉我，也许就在五台山，有一个地方，有这么一群孩子，他们来自不同的地方，他们在一位大智法师的带领下，每天早晨起来都会念：归依佛、归依法、归依僧。

不管我们来自什么地方，什么国家，什么种族，我们都找到了共同的依怙，让我们归投于佛陀的足下！在我们的僧团，师长是我们的父母，同参道友是我们的兄弟姐妹，让我们用真诚的慈心去感化一切；让我们用道心来天天给自己向上的激励；让我们像佛陀教导的那样，每天都能做到"三个辗转"②；让我们做一个真正的佛子，承担起来佛子的责任——"假如热铁轮，于我顶上旋，终不以此苦，退失菩提心。"如果我真的给你们小众、净行班一块园地，希望当大家坐在一起的时候，都能做这样的一个祈祷，你们是不是能真正做到呢？

我们都知道，一个人能遇到佛法，是他一生的幸运；能够把身心交给三宝，他一生就有了依怙。如果真正将自己交给三宝，就应在生活中来训练我们的这颗心。我曾经遇到过一位修行人，他的修行法门就是来锻炼自己，让自己的心能够缘念于三宝。当他遇到困难，遇到解决不了的问题时，他不会去怪罪其他的，他会检点自己：我现在的心有没有离开三宝？

也就是说，我们天天都在学法，最主要的就是要训练这颗心，让它能够和法相应。当我们的心生起贪欲、嗔嫉或者种种烦恼的时候，就要觉照到：这个时候正是我们失去正念的时候，失去了缘念三宝的这种心力，心已经背离于法了。

所以说学佛修行，最主要的是看我们真正在内心里生起了多少与法相应的觉受。不管知事③也好，师父们也好，学僧也好，让我们来发一颗真正虔诚供养三宝的心吧！我们住在僧伽蓝内，真正地随心、随力、随份地尽我们佛子的一份责任。在一个和合的僧团里，如果你不能去出力，那么你可以用心。我在念佛，我在诵经回向，这些都是在出力的。因为我们知道，有法的布施，有力的布施，用种种的方式都可以来布施的。

有损于六和④僧团的话，我们坚决不说；有损于六和僧团的事，我们坚决不做。这就是在不断拨正我们的心念，也就是将一颗无依无靠的心，转变成一颗缘念三宝的心。让我们的心时时都能够住在法当中，走一条觉悟的路，这样我们的心才不会飘忽不定。

一个人，当他没有道心，心不能住在法上的时候，他可能会生烦恼，因为他无所事事，不知道自己该干什么。我们虽然从不同的地方来，但我们都是佛陀的弟子，所以彼此应该真诚地相待，慈爱地关照，构建一个六和僧团来接引后来人，真正让众生未信者生信，已信者增长。

---

①小众：未受具足戒的出家人。相对大比丘和大比丘尼来说，因未受具足戒，所以称为"小"。包括式叉摩尼、沙

弥、沙弥尼。

②三个辗转：辗转相谏、辗转相教、辗转忏悔。

③知事："知其事，悦其众。"又名执事，指寺院执掌事务的人。

④六和：身和同住、口和无诤、意和同悦、戒和同修、见和同解、利和同均。

祈请善知识应具之心

因为老和尚是成佛度众生的愿,我们也发如此的愿。相应了以后,就会有感应的。

从和同学们的座谈中了解到,培训班、安居班的同学最大的一个心愿,是希望能祈请老和尚讲课。这得看大家的力量,得看我们和老和尚的因缘。基本上我见到老和尚,都会请老人家给大家上课的,但是老和尚确确实实年事已高,身体状况大大不如以前。不过,既然大家有这样强烈的愿望,不妨试试给老和尚写上几句话,派各班班长一起去顶礼,去祈请祈请,说不定能感动老和尚答应。当然,你们要从内心有那种殷切心,因为我自己就有这样的经验。

我们刚出家不久,通愿老法师就生了一场重病,大夫把脉说是绝脉。他说:"你们就准备吧!"我当时就有一种信心,心想师父不会留下我们不管的。因为我当时还是小众,没有受比丘尼戒,总觉得师父还不是走的时候。但是从迹象上来看,确确实实是要走的样子了。

师父挺自在,在单①上把披风一披,当时五台山很冷,面向西方,在那儿念佛。我想:用什么样的方法能把师父留住呢?师父在那儿念佛,也不看我们,连话也传不进去,更没办法进去见师父。我很天真地认为,念阿弥陀佛是要送往生,如果念观世音菩萨,就能把师父留下的,所以我拼命地念观世音菩萨,并且想了一个留师父的办法。

我找到一张非常庄严的观世音菩萨像和一个镜框,镜框擦干净后,便将像装上镜框。我用双手举着,蹲着一点一点地挪到师父房间的玻璃窗下面,把像对着房间。心想师父在那里念佛一定会睁眼睛的,如果一眼见到观世音菩萨像,肯定心里会惊奇:哎呀,从哪里来的观世音菩萨,一定是观世音菩萨要留我了!

最后不知道师父是看到了观世音菩萨呢,还是念我的这颗虔诚心,师父就把我们喊了进去,告诉大家不走了。

现在我们要请老和尚讲课,用一颗殷重的心,我想我们和老和尚之间也是会有法缘的。你们到时候该怎么说啊?是不是可以写上一首偈?

东西南北走风尘,叩见善士清凉中。惜得成佛一段缘,画龙点睛靠师成。

意思是说,我们好不容易在清凉山见到善知识,说明我们和老和尚还是有一段成佛的缘。祈请老和尚也能珍惜,慈悲给予我们教授。这样看看效果怎么样,如果没有效果,就是大家的福报不够,虔诚心太浅,只能怪你们,不能怪老和尚。

我有一次坐车的时候对同行的人讲："一路菩提一路歌，谈笑风生故事多。天真烂漫佛性现，众生与佛有何别？"修行需要我们有一颗天真烂漫无邪的心，现在请老和尚也是如此。你不要想：哼！我来到五台山了，老和尚还不给讲上几堂课？在五台山呆三个月也没听老和尚几堂课，这回去以后咋给人说呢？这是举例来说，这些心都是不行的。或者你想：唉呀，我听老和尚讲课，一定能得到利益。这种心态还不行。你要发足这种心：希望老和尚能够指点迷津，我所得到的佛法真谛，一定会毫不保留地告诉众生，老和尚的愿就是我的愿。因为老和尚是成佛度众生的愿，我们也发如此的愿，相应了以后，就会有感应的。

这是今天和同学们座谈时，一名中一级的同学告诉我的，她说要感应就得心和心相通。希望同学们和老和尚的心能相通，能感得去老和尚那儿。老和尚一见大家就说："哎呀，我早就想给这些孩子们上课啦！"

这也是我们彼此的一个鼓励。实际很多的不顺心，很多的违缘来临，对我们都是一个警觉。就像我们安居来到这里，可能心想，学学戒，老和尚又给讲讲法多好。可是我们的福报不够，感应不到老和尚来给开示，我们要生起惭愧心。

如果以前你有其他的想法，要把它拨正过来。要确确实实珍惜和老和尚相遇的这段成佛缘，祈请老和尚能够为我们作舟航，给我们一个引导，让我们在成佛的路上更快地向前迈进，也就是我们的发心一定要正确。我想有你们的祈请，老和尚一定会被你们所感动。有感而动，这个事情就成功了！祝大家成功！

──────────

① 单：出家人通常称床铺为"单"。

向老和尚学习

> 从他老人家的身上我感受到，一个人的力量来自他有远大的目标、宽阔的胸怀，真正地愿意把快乐给予众生，又能帮助众生解决苦难。

这次外出，除了开会也到香港去接一下老和尚。虽然在那里停留的时间很短，但我从老和尚的身上真正地看到了一位为法、护法、住持正法者的风采。

据老和尚的侍者说，从台湾出发之前，因为六点钟要去乘飞机，老人家一点钟就起来做功课。中午十一点钟下飞机后，一直讲到两点钟，而老人家一点都没有倦意。接下来在香港的三天时间里，老人家一直在接待来访的居士。临走的前一天下午，还在香港大学做了演讲，讲得非常精彩，得到了各界人士的赞叹。

从他老人家的身上我感受到，一个人的力量来自他有远大的目标、宽阔的胸怀，真正地愿意把快乐给予众生，又能帮助众生解决苦难。我们还能感受到，老和尚非常有福报，无论走到哪里都能受到大家的热情款待。但是他对自己的要求是很严格的,住进宾馆先要问问这个宾馆一夜要多少钱。居士们笑着说:"这个您老人家就不要管了。"但老人家说:"我是要看一看我的福报能不能消得起。"

我们年轻人,当遇到福报时,能不能去正视它?能不能正确地看待这个福报?能不能像老和尚那样时常自警——我能消得起吗?所以修行的道理虽然很明白,但落实在生活的点滴当中,能不能时常生起智慧的观照,这个就要问一问我们自己了。

我们的国家现在比较稳定,也处处为民众谋利益,所以无论走到哪里都是一派欣欣向荣的景象。但是在这个大环境下,处处都让我们感受到这是一个金钱的世界。因为无论走到哪里,都会听到人们在谈论经济。出家人在这个经济时代,多多少少也都会接触到。出去以后回来,确实也有一番感慨,觉得坐在这里的同学,真的是很了不起。

我们就是要以一个出家人应该做到的来严格要求自我,按照预定的目标不折不扣地去做,这样将来才能够真正地成为一批经过科班训练,吃得了苦,经受得起打击,又能够胸有大志、发菩提心的僧才。

现在需要出家人的地方太多了,但是要培养出能够演讲,同时又具备出家人应有的道德素质的法师,这实在也不是一件简单的事情。新的一年开始了,愿大家都能奉行佛陀的教导,从善用其心、无私奉献开始。

亲近莲老法师的点滴

老人家的这句话，在我的脑海里打下了深深的烙印：成佛的境界，就是完全无私地去奉献众生的境界。在以后的日子总不敢自私，觉得既然想要成佛，那么就应该无私地去奉献。

和大家随便说说自己刚出家时亲近莲老法师[①]的一些琐事，表达一下我对她老人家的怀念之情。

我刚出家的时候比较调皮，凡事总爱打破砂锅问到底。回想起来，真的很对不起亲近过的善知识。

出家后不久，我在成都住了一些时候，亲近莲老法师。老法师非常慈悲，经常给我们开示佛法的道理。但是我那时候还不是太懂，总认为佛法也像做世间学问一样，所以什么事情都想把它弄个明白。

比如说莲老法师给我们传了绿度母、白度母，我就一定要问她："绿度母、白度母是怎么回事？"老人家说："那是观世音菩萨在救度众生的时候，因为众生太多太难度了，即使是菩萨千手千眼，也救不过来，所以观世音菩萨就很着急，急得流下了两滴眼泪，一滴眼泪就化现成绿度母，另一滴眼泪化现成白度母。她们安慰观世音菩萨说：'您别急，我们来帮助您一起度化众生。'"本来就传法来说，说了这些也就可以了。可是我接下来还要问："师父，您讲的这个是出自什么经啊？在哪里可以找得到呢？"

老法师非常慈悲，她告诉我说："在《绿度母经》里面。"

"《绿度母经》在藏经的哪儿啊？"

总而言之，不管什么事情我总是要问个明白。

有一次莲老法师讲："佛在菩提树下证道，觉悟到大地众生皆具如来智慧德相，但因妄想执着不能证得。"我听了以后，还是不理解，就追着问："到底佛证的境界，是什么境界？"

老法师看了看我，还是很慈悲地说："到了佛的境界，就是一种完全没有了自我，去奉献众生的境界。"回想起当时的那种情景，现在都觉得很是好笑。

老法师当然是对机说法，对我这种初入门的人，也只能这么说了。但老人家的这句话，在我的脑海里打下了深深的烙印：成佛的境界，就是完全无私地去奉献众生的境界。在以后的日子总不敢自私，觉得既然想要成佛，那么就应该无私地去奉献。现在慢慢回忆起来，老法师的那种悲心摄受，确确实实让我一生中受用不尽。对此，我是永远感恩的。我们唱的《太阳和小草》的歌词，就是那时候我写给莲老法师的。

还有一次，因为看到藏地的佛菩萨像和汉地的有一些不一样，就一定要问莲老法师："为什么藏地的菩萨像和佛像，身子都是稍稍地倾斜？"不知道你们有没有留心过，你们去看看，有的向左倾斜，有的向右倾斜。这里我就不给你们答案了，你们自己去思惟。

对于自己凡事必问的这种做法，不久之后就感觉到有些不太好了。为了表示忏悔之心，我写了首偈送给老法师："牧童不见牛咆哮，执着是非辨低高。负荆请罪请摄受，悔之再三愧不肖。"

当我们初学的时候，不知道向内心里去寻找。就像牧牛图所画的一样，牛一开始咆哮，就要吃人家的稼禾了，你一定要去降伏这个狂奔的牛。好比我们修行，一定要降伏自己的心一样，到了能所双亡的时候，才能证得自己本具的智慧德相。

当时还有一位和我在一起的同学，她比较爱唠叨。莲老法师就告诉我们："做个出家人，首先就要学会小心谨慎，不要见他人的过失，说三道四；心里也不要去褒这个贬那个，要能做到心无臧否，口无是非；要珍惜年轻时候的光阴，好好地用功。"

追忆当年我亲近莲老法师的一些点滴，与大家一起分享，也衷心希望大家能从中得到一些利益。

————————

①莲老法师：^上隆^下莲法师（1909~2006年），俗姓游，名永康，字德纯，能海上师高足。曾任全国政协委员、中国佛教协会副会长、四川省佛教协会会长等职，世人尊称"巴蜀才女""中国第一比丘尼"。如瑞法师出家之初曾亲近莲老法师，并助其筹建四川尼众佛学院。

《华严经》云："善用其心，则获一切胜妙功德。"在生活中念念保持正念，以正念指导生活。就像母鸡孵小鸡一样，心灵的净化需要一个过程。要时刻保持一颗反省观照的心，生烦恼的时候要观照自己：烦恼从哪儿来？是怎样生起的？为什么会有这样的烦恼？要追到根儿上，这样烦恼慢慢地自然会减少很多。

海众安和

佛子行

一个修行者,一定要看护好这颗心,要思惟于正理,继而落实到行上面,要依戒起行。也就是说每天都在勤修戒定慧,自始至终坚持不懈。

《禅林宝训》里面有这么一段话:"衲子守心城,奉戒律,日夜思之,朝夕行之。行无越思,思无越行,有其始而成其终,犹耕者之有畔,其过鲜矣。"

衲子是指佛子,出家人。从祖师语录中可以看出,一个出家人,表面看来似乎很清闲,其实他一点也不闲。他每天在守护自己的心城,防止眼、耳、鼻、舌、身、意六贼的侵入,天天要做到"藏六如龟,防意如城,慧与魔战,胜则无患"。如果有一念间让六贼侵入,那就失败了,所以他时时都要警惕自己,把握好正念。在平时的行为上,则要以戒律为准则。

"日夜思之,朝夕行之。"日夜之间要做什么呢?就是要思惟正理,守于正念。随着渐渐地深入,当他通达了佛法的道理,从缘生法到究竟性空,乃至非空非有、亦空亦有的时候，就知道生死是什么造成的了。也就是《华严经》里所说的："应观法界性，一切唯心造。"这颗心太厉害了！

不单是《华严经》，许多经论里面在讲此心的不可思议。如果用它做佛，则能成就佛果；如果用它去造作恶业，将来就会感受三恶道的苦果。所以佛才告诉我们：一个修行者，一定要看护好这颗心，要思惟于正理，继而落实到行上面，要依戒起行。也就是说，每天都在勤修戒定慧，自始至终坚持不懈。

我们常说："良好的开端是成功的一半。"从我们出家的那天起，就要发愿：这辈子一定要当好一个出家人，要学有所成，修有所证，善始善终。然后为实现自己的目标而努力去行，因为真正的修行，别人只能做一个外缘，要怎么样去把握成功，还得靠自己。

我们住在一个道场中，每天确实应该向内来观照，思惟佛的教，检点自己的行，无益语不但不说，连想都不想。这样人人都做修道者，也就不辜负祖师对我们的一片期望了。

常怀感恩

要懂得感恩，知道我们生活在这个世间，都是互相关联的，和众生有着直接或间接的联系。所以我们不单要吃饭时心存感恩，乃至穿衣住房等，一切时处都要充满对众生的感恩。

佛法很高深，所以我们要学习。学的道理越多，在生活当中就越会应用。例如吃饭，学佛的人和不学佛的人，这里面就会有差别。

从表相上说，出家人用钵吃饭，吃饭时也有很多要用心的地方。如见到空钵时，他要想到空掉自己的一切烦恼；当盛满饭食的时候，要想到能让自己具足佛法。拿起勺来吃饭，吃第一勺，要发愿誓断一切恶，无恶不断；第二勺，誓修一切善，无一善不修；第三勺，誓度一切众生，无一众生不度。也就是发愿要帮助所有的人，乃至帮助六道所有的众生，让他们都能离苦得乐。所以，要是懂得吃饭，就能口口善愿，口口用心的。

同时还要想到怎么样去念众生的恩。当一钵饭现前，会想到这一钵饭来之不易，要通过农民在田里播种、耕耘、锄草、收获，然后经过工人加工、搬运，乃至到寺庙里把它做成饭食。这中间，经了多少人的手，经过了多少人的辛勤付出！所以我们要怀着一颗感恩的心来吃这一顿饭。

在世间，小孩子读书会学到李绅的诗："锄禾日当午，汗滴禾下土。谁知盘中餐，粒粒皆辛苦。"这只是停留在表面的层次上，我们学佛的人还要观想到更深的一层。要懂得感恩，知道我们生活在这个世间都是互相关联的，和众生有着直接或间接的联系。所以我们不单要吃饭时心存感恩，乃至穿衣住房等，一切时处都要充满对众生的感恩。

正因为这样，无论我们诵经也好，拜佛也好，乃至行住坐卧、屈伸俯仰当中，内心里都充满了对众生的祈愿。吃饭的时候，要告诫自己：我吃饭是为了能吃饱肚子，更好地来为众生服务。不管是人类，还是畜生，只要是有生命的，都要想到去帮助他们。

出家人的心里，时时处处都充满着对众生的关爱和祈祷。一个人的心念是这样，如果十个人，百个人，千个人，大家有这种共同的心念，便会形成一股无形的强大的心念力。这种力量，如果你认真地去体会，便能感受到。比如我们来到寺庙里，就会觉得一片祥和与宁静，似乎找到了心灵的故乡，能够放下世间的烦恼和杂事。

我们学佛的人，做任何事情都不要为做事而做事，而是要通过做事去发掘内心，让自己开悟，要让自己在认识真理上能够有所收获。所以学佛以后的生活和不学佛的生活，在本质上是有差别的。如果我们真正地希望得到心灵的安慰，希望懂得怎样做人，希望得到吉祥幸福，那就一定要学佛。愿我们的一切好愿，都能从佛法的智慧当中获得圆满！

让心与佛相应

佛喜欢我们怎么做呢？佛喜欢我们无私地去奉献众生，令众生欢喜，亦令诸佛欢喜。我们知道了就要去做，在做的当中要学会用一颗成就他人的心，用慈心、悲心和平静的心去面对一切。

今天是释迦牟尼佛的出家日。佛陀证道了，我们虽然出家了，可什么时候才能证道呢？这就全在于我们的信心，在于我们的用心了。

学，是为了让我们得到解；解，是为了去落实。如果整天坐在那里看书、听光盘，但你心中没有照着去做，也就是说你不能让自己的心和佛的心慢慢地相应，学得再多也不会有多大的利益的。

什么心和佛的心不相应呢？贪的心、嗔的心、愚痴的心、我慢贡高的心，这些都是和佛不相应的。凡是自私自利、损害别人的心，都是和佛的心不相应的。佛喜欢我们怎么做呢？佛喜欢我们无私地去奉献众生，令众生欢喜，亦令诸佛欢喜。我们知道了就要去做，在做的当中要学会用一颗成就他人的心,用慈心、悲心和平静的心去面对一切。

人生在世,不是说你所遇到的人和事都能如你的意,因为你在过去生中就没有和众生结上如意的缘,所以必须学会去面对一切。有的同学因为和班里的同学,或者某一个人有一点隔阂,或是看不惯对方,而造成了自己修行上的大障碍。学佛就是要学会和佛的心相应,进而言语相应、行为相应。要学会和佛的心相应,首先要看护好自己的这颗心,时时回光返照。我们出家人没有世间的那些复杂事务,这颗心是很容易照看住的,每一念都要很清楚,是善,是恶,还是无记。

我们最初的训练,一定是有意识地来训练。虽然是一种有意识的,但是慢慢熟练以后会成为自然的。即使不用心的时候,也已经成为串习①。所以我们每个人都要给自己一个训练。

我发现同学们现在还是有了一些进步的,就像我们在观堂里念的这句阿弥陀佛,有一部分人是在用心念。不要看轻了这一句佛号,如果是发自内心来念,里面就包含着对佛的无限敬仰,对众生的无限关爱,就是在上祈诸佛加被,下为众生祈福,我们的慈悲心是从这一句阿弥陀佛当中念出来的。

但一些细小的地方做得还不够好,比如说集体礼佛、问讯的时候,还有一部分人不听二磬。虽然是小事,但也是修行。首先要把自己融入众中,要服从大众是不能有一个"我"的,所以要好好地用心,看现在要念什么,做什么。合掌也是如此。如果你的心明明亮亮的,那么这个早殿,你的掌从开始到结束会合得好好的。只要你用心,无不是修行。如果我们能把每天所做的每件事情都当作修行,那么一定会有极大的热情来投入的。

所以,一开始我们一定要有个脚踏实地的练习。如果这一步全部做好了,可以再往深处去练习。今天是佛的出家日,希望我们也给自己一个很好的反省。愿大家:

一句弥陀,能断烦恼。

转凡成圣,一了百了。

---

①串习:因多生多世的造作而产生的惯习力量。

切莫将经容易看

现代人，佛像经书什么都不缺，看起来很有福报。但因为不缺了，也就不生珍贵想，内心里没有恭敬，尤其随便扔，这又是在损我们的福报，甚至是在灭法。

"正物须正心，修行即在平常中。若离世间证菩提，怎见如来金色身？"这说明："佛法在世间，不离世间觉。"吃喝拉撒睡都有佛法，就看我们怎样用心。

我刚才来观堂的时候，看到门口放了两箱子法宝。放法宝的时候，就要将其放正，无论是成箱的经书，还是一本经书。

我们知道，有法之处就有佛。我们初出家的时候，老法师的要求是非常严格的：经书不能露置，一定要拿经帕盖上；看完以后合好才能离开；放法宝不能低于腰下。平时看经，假如经书捧得不平，老法师都会呵斥我们："如果佛在你的手上站着，你一个手高，一个手低，那可以吗？"所以，无论做什么事情，都要把心用上，我们慢慢去体会。

印光大师说，一切从恭敬中求；又说，心田各不同，功德有胜劣。同做一件事情，因为用心的不同，产生的结果不同，功德的大小也不同。你得到了一本法宝，应该真实地从心里生起来"无上甚深微妙法，百千万劫难遭遇。我今见闻得受持，愿解如来真实义"的难遭遇想。

唐朝义净法师曾作偈："晋宋齐梁唐代间，高僧求法离长安。去人成百归无十，后者安知前者难。远路碧天唯冷结，砂河遮日力疲殚。后贤如未谙斯旨，往往将经容易看。"所以，我们得到一本经书真的很不容易。

现代人，佛像经书什么都不缺，看起来很有福报。但因为不缺了，也就不生珍贵想。内心里没有恭敬，尤其随便扔，这又是在损我们的福报，甚至是在灭法。为什么经书不让悬空放？悬空放，护法都要赶快去接住的。为什么到法灭尽的时候，龙王把那些经书都收到龙宫中去？我们应该好好思惟，从生活中的点点滴滴来用心修行，培植我们的福慧。而修行，无非是要开发我们心里内在的智慧，要让我们的心纯净。让它纯，纯到我们的真心显现，你看心的力量有多大呀！

无始劫来，我们一直流转生死至今。佛告诉了我们这么好的法，但是众生依然痴迷颠倒，不知道好好地利用这个很好的人身，来开发我们内在的无边智慧。生活当中，正是开发我们智慧的好时机。如果你抛开了这一切，回应前文，佛怎么会示现金色身呢？大家去思惟吧！

直心是道场

有时候，很简单的问题，我们就不承认现实。要明白修行的根本，希望大家在修学的过程当中能够善用其心，多多观照，让烦恼一天天减少，让心灵一天天变得单纯、清净。

同学们每天集体诵《华严经》，许多人见了都很欢喜，非常赞叹，说大家不但方队排得很整齐，而且诵得也非常专注。我听到以后非常高兴，也很随喜大家。

我们能诵《华严经》，看上去很简单，其实是件很不容易的事。小时候我亲近弘瑞老和尚，见他得到一本经书时，都会感动得哭出来。他说："真不知道前生培了多少福，才能够有因缘看到一部经啊！"老和尚每次诵完经以后，都要慢慢地、恭恭敬敬地用经帕包好、放好。拿经的时候，从来都不会拿倒的。现在的大德师父是这样的，看看《高僧传》，我们也不难发现，修行无不是从敬法开始的。我们应该多向大德们学习，好好珍惜自己的善根。

说到修行，记得《杂阿含经》里说，修行是需要功夫培养的。就像母鸡孵小鸡一样，要有足够的温度、一定的时间，小鸡才能一只一只地孵出来。所以在我们的修行当中，不能太着急。如果你只想着要怎么样，而没有种种因缘的和合，也是难以成就的。为什么这么说呢？因为我了解到一些同学，虽然学了很多年，修了很多年，但是内心深处的烦恼，还是没有去除掉。

修学佛法，不能从根本上解决自己的烦恼，即使看上去很用功，对他来说也只能算是相似的修道。在我们的学修乃至生活当中，一定要知道佛法的根本是什么。我们在做事的时候，彼此间有些摩擦，就去抱怨对方，而没有想到怎样来净化自己的内心，消除自身的烦恼，这就是欠缺修行的根本。

就像母鸡孵小鸡一样，心灵的净化需要一个过程，要时刻保持一颗反省观照的心。生烦恼的时候要观照自己：烦恼从哪儿来？是怎样生起的？为什么会有这样的烦恼？要追到根儿上，这样烦恼慢慢地自然会减少很多。反之，如果缺少了反省力、观察力，不能从内心深处去思惟，即使天天诵经拜佛，也很难得到佛法的根本利益。除此之外，对于任何事情，我们都不要想得那么复杂。

曾经有一位年轻的禅师，向一位老禅师请教修行上的问题。老禅师一声不吭地听完之后，对他说："你真啰唆！"然后就走了。第二次，他又去问，老禅师说："好，你问了我那么多的问题，我也来问问你，你回答上来了，我才回答你。"老禅师顺手拿起来一盒牙签说："你看，这是什么？"年轻的法师想了半天，也不知道怎么来解释这牙签。他反问说："您说是什么？"禅师哈哈大笑，然后走了。

这是发生在现代的一个故事。后来大家讨论这件事，问我怎么样回答。我说："第一次，他说真啰唆，我就说谁让释迦老子说那么多，或者上去打他一拳。"第二个问题牙签是什么，我就说："这是牙签。"本来就是牙签嘛！因为你学得太多，所以用心太多。心眼太多，障碍也就多了。

有时候，很简单的问题，我们就不承认现实。要明白修行的根本，希望大家在修学的过程当中能够善用其心，多多观照，让烦恼一天天减少，让心灵一天天变得单纯、清净。

佛是怎样成的

我们心想什么,到时候就成什么,所以我们要好好地用这颗心,善用其心。心念一动就要知道生出来的是什么想,它是来滋润我的色身,还是滋润我的法身?滋润色身是妄想的念,滋润法身才是让我们解脱成佛的念。

不知道大家有没有想过这个问题:人死之后,为什么还会去投生?让我们投生的根本原因是什么?

当一个人刚刚赶往死亡状态的时候,不知道自己已经死了。他的神识看到他的亲人在哭泣,或者种种外境,就会生起贪著、嗔恨等分别心。由于这些心念的产生,便会促使他再去投生。所以,让我们生生世世延续的根本,最主要的就是这颗妄想的心。

这颗妄想的心,在受想行识四种心当中属于行心。行,造作义。虽然是四种心,但是有成业之功的只有行心。六根接触到外境以后生起分别来,然后去谋划造作,这样就会产生相应的后果。所以对这颗妄想的心,就看我们怎么样来用了。如果不懂,就会天天随着它打妄想。即使我们睡着了，或者死了，可它还是在一直流动，刹那刹那地在造作，就像汽车停了，但还会产生惯性一样。

人死了以后，如果没有当下去往生，他并不知道这一期的业报已经尽了，还在愚痴地执着于那个是我。所以到临命终时给他助念、开导，实在是一件有意义的事。当我们知道了这些道理，也就明白了佛法无非是要告诉我们：人啊！你应该自强！

佛是从哪儿成的？从人中成的，是在懂得成佛的道理以后，自己修成的。佛已经告诉我们了，众生和佛的体性是没有差别的，有差别是由于造作的不同。佛造作的是成佛的业，所以成佛了。而我们凡夫的思想行为，造作的若是地狱、饿鬼、畜生的业，感果的时候也就身不由己了。

人们常说心想事成，这句话说得非常有道理。我们心想什么，到时候就成什么，所以我们要好好地用这颗心，善用其心。心念一动就要知道生出来的是什么想，它是来滋润我的色身，还是滋润我的法身？滋润色身是妄想的念，滋润法身才是让我们解脱成佛的念。

《大乘大集地藏十轮经》里面讲：为什么大菩萨发心顿断五欲？因为他上根利智，一旦知道了什么是真实，什么是虚幻，就能够放得下。不仅自己能放得下，还能去引导别人也离开虚幻。我们想不再做钝根的人，就要踏踏实实地从这一念开始修行。

现在普寿寺采取的种种措施,都是为了让大家能够步入修行的正道中来。念佛堂里有人去念佛了生死,做知事的人,大菩萨的发心,顿断五欲,自利利他……整个道场都在修行的氛围当中,每个人就能得到利益。

因为我们都是凡夫,环境的熏习至关重要。一个清净的环境里,你是善念,他也是善念,念念都是成佛的心,你想想这个道场,它产生的磁场又是什么呢?如果大家都是自私自利的心,产生的磁场又是什么?所以我们用种种的方法,无非是要成就一个很好的僧团,让大家能够进入一种真正的修道氛围中来。在这种氛围当中,自然受到感染,即使不想修也能修起来。而且以后会慢慢地转向,不仅懂得在生活当中修,也要全部放下,身心专注地修。

同学们,我们应该自强。知道了佛是怎么成的,我们也来成佛吧!

知幻即离

如果见相便能够观察到它的虚幻性而离开,那么佛法的受用就在当下,这也是我们的道心生起来的一个表现。

道心道心,道是不能离开心的,也就是说心是应该缘于道的。我们知道,心在最初训练的时候,一定要让它有所缘。如果这颗心不好好地去用,缘于与道不相干的事物上,会浪费我们很多的时间和精力。

就拿手机来讲,如果通过它来说一些毫无意义的话,便和修道相背离了,而且会让你的心不断地攀缘,不断地感到不满足。发出去一条信息,你会想着让对方回你一条等等。所以整天会因为缘于这个无情的东西,在虚妄当中浪费掉我们的时间。因此,不是工作确确实实需要,手机是可以不用的。

昨天见一位同学把一个很好的手机舍出来,我很赞叹随喜。她也是考虑了很久,终于想明白了。我想:是不是我说了一句话,而让她有所触动呢?越是贪著的越应该舍,越是舍不下的越应该舍。不是说人人都去舍手机,而是人人都需要舍弃那颗攀缘于虚妄的心。

众生是见相就着的,因为我们见到张三李四,确实还是张三李四。但当下的智慧生起时,就要知幻即离。如果见相便能够观察到它的虚幻性而离开,那么佛法的受用就在当下,这也是我们的道心生起来的一个表现。

看看自己的修行如何

如果你每天都能观照好自己的念头，知道现在是起善念了，还是起恶念了，并能用相应的法来思惟作观，我想你的修行可能就有一些进步了。

曾经有几位道友，她们都发愿说，今生修行一定要证得道果。说起来很容易，真能那么容易做到吗？但慢慢地我觉得实在也是容易。我们先不说用大乘的顿悟法门，且就所谓的小乘佛教来看，佛在《增一阿含经》里对比丘们说：若能做到三种法，现生证二果。继续用功，乃至得四果。哪三种法呢？

第一种法，诸根寂静。诸根指眼、耳、鼻、舌、身、意。经中说："比丘若眼见色，不起想着，无有识念，于眼根而得清净，因彼求于解脱，恒护眼根。若耳闻声，鼻嗅香，舌知味，身知细滑，意知法，不起想着，无有识念，于意根而得清净，因彼求于解脱，恒护意根。"意思是说，当六根接触到外境的时候，要不起种种的分别执着，恒护根门。

这要真正地做到是很难的。但我们可以依戒法来慢慢地训练自己，眼不见非法之色，耳不听非法之声，乃至心不想非法之事。戒定慧三学，我们先依戒法有意地远离缘非，经过久久的熏习、思惟，要做到诸根寂静，也是很容易的事。

第二种法，饮食知节。吃，不是为了让自己长得白白胖胖的，而是要把饮食当成药物来疗治饥饿的旧病，让新病不生，借助于当下这个色身来修于道业，也就是食存五观中的第五观："为成道业，应受此食。"

第三种法，不失经行。经中说："云何比丘不失经行？于是，比丘前夜、后夜，恒念经行，不失时节，常念系意在道品之中。若在昼日，若行、若坐，思惟妙法，除去阴盖。复于初夜，若行、若坐，思惟妙法，除去阴盖。复于中夜，右胁卧，思惟系意在明。彼复于后夜起，行思惟深法，除去阴盖。如是，比丘不失经行。"

这里所说的经行，包括行、住、坐、卧四威仪。道品，指三十七道品，归纳起来就是正念。比丘昼夜六时，行住坐卧，都要让自己的心住于正念当中，思惟妙法。如果修念佛法门，能住于佛号当中，也是属于正念的。

佛说如果能修习此三法，现身得于二果。从经中可以看出，修行要证果确实不难，只是看我们肯不肯给自己一个训练而已。

佛又继续说：比丘们，有三大病——风病，痰病，冷病。风病用酥治，痰病用蜜治，冷病用油治，就能治好。同样，我们的心也有三种病：贪欲病，嗔恚病，愚痴病。也有三法对治：贪欲的病生起来，要用不净想对治；嗔恚病生起来了，要用慈心去对治；愚痴病生起来，就用思惟因缘法，住于因缘观来对治。这样，三种病也都能够治好了。

既然佛为我们说了这么多的法，那为什么要强调依戒起修呢？这是因为我们凡夫的心，时时处处都在一种粗狂当中，所以要先依戒让身远离缘非。回归于内心，渐渐去除粗的烦恼，让心变得越来越宁静，越来越微细，乃至起一个什么样的念头都能知道。

比如说，当一念的贪欲心生起来了，你马上就能觉了：哦，生起来了！赶快用相应的法来对治。如果你每天都能观照好自己的念头，知道现在是起善念了，还是起恶念了，并能用相应的法来思惟作观，我想你的修行可能就有一些进步了。

其实，真要做到这些并不难，关键是我们自己不肯去做，总是想着要找一个什么法来修。每天拜佛诵经，也只是盲目地求数量，而不知道做这些是为了什么。我们磕头拜佛也只是一种方法，拜下去的时候，心要清楚明了地缘念身体的每个动作，来对治种种不善的念，继而对治妄念。

要让心趋于定当中，寂静当中。所以不管用什么样的法，一定要通过思惟，一定要知道用这些法的目的是什么。

我们看到个别人很用功，但是烦恼很重。为什么会这样呢？就是他把用功和修行分开了。虽然拜了很多佛，念了很多经，也只是停留在种善根、积累资粮方面。最主要的是，通过诵经拜佛这些法来对治我们的烦恼。当你贪嗔痴起来的时候，怎样来呵止它？怎样用相应的法来对治它？比如说，当你不慎与人发生了争执，你马上就要生起观照：我为什么要和他争执？是我的什么心起来了？是嗔恨心，还是嫉妒障碍的心？然后马上呵斥自己，要忍辱退让。

所以一个出家人，看他的外相很安详，但他内心里是很忙的，因为他要让正慧现前，来对治那些邪念。因此佛法确确实实没有离开过我们，只是我们自己不知道怎样来使用而已。于是，借助于打坐、经行、诵经、拜佛等来慢慢调伏自己。

正如那些祖师大德们所讲，放下心中的五欲，这才算是修行。这就要求我们在生活当中，真正能做到看得破、放得下，心里不生一念贪著。每天的起心动念都能清楚明了，乃至证得道果，那就看我们怎么样去付之于行动了。

怎样守护六根

当我们不知道修行的时候,一看到东西就要去打妄想,流入了识田当中。正确的方法是,你看到这个东西就看到了,听到这个声音就听到了,而在这个里面,能如实地去了知这些都是苦空无常的。它们连个主宰的"我"都没有,何有所谓的真实呢?

我曾经一再地强调,过堂也好,上殿也好,要听二磬。但发现现在很少有人听二磬了,我想是不是有人走入了一种误区,认为我有眼不用眼,有耳不用耳,这就是修行。我在修行,所以我不用听外面任何声音,也不用看你怎样指挥。

曾经有外道对佛说:"我的师父告诉我,有眼不看,有耳不听。"

佛说:"如果有眼睛不看,和盲人有什么两样?有耳不听,和耳聋有什么区别?"

在修行当中,怎么样来善用六根,我想也需要我们认真探讨。有位大德曾说过一首偈:"捏不成团拨不开,何须南岳又天台？六根门首无人用，惹得胡僧特地来。"

"六根门首无人用"，就是说修行如果不会在六根门头用功，实在是一个大问题。

我们都知道，有眼睛就能看到东西，有耳朵就能听到声音。对修行和不修行的人来说，其中的差别在哪里？当我们不知道修行的时候，一看到东西就要去打妄想，流入了识田当中。正确的方法是，你看到这个东西就看到了，听到这个声音就听到了，而在这个里面，能如实地去了知这些都是苦空无常的，它们连个主宰的"我"都没有，何有所谓的真实呢？所以看到以后，不要经过我们凡夫再造作；听到以后，只是清清楚楚地听到，并不加上我个人妄自对它的判断——这个声音我爱听，那个声音我不爱听，或这个声音对我没关系等。

那些老修行，他在用功的时候，用的什么功？人家让他去做什么，他不敢违背，在一定的环境下他去做了。但是不管给他看戏也好，做什么也好，他能如实地了知这些外境都是无常的。所以在这里面，他没有加上个人所谓的判断。因为他知道，自己的判断是错误的。如果被境所迷，不如实去了知，对它就会产生执着。好看的就要看，继而产生贪著；不好看的，不愿意看，乃至排斥。

所以，我觉得在我们的日常生活当中，是不是先修第一步？你来用一下心，二磬响了，提醒自己要随着二磬弯腰下去。二磬再响，你就起来……

修行人不是说如木石无心，而是要有止有观的。为什么祖师大德一再地说光有止的话，犹如死水一潭，死水是不养鱼的。一定还要有观，要有智慧在里面。这个声音来了，我听到了，我如实地来了知它。好的我不贪著，不好的我不排斥，谈不上快乐，谈不上嗔恚。

六根门头，怎么样来用？怎么样来守护？这里面有很深的学问。虽说很深的学问，用起来又特别简单，所以要能够认认真真地去实践。就拿现在的吃饭来说，当这碗饭来到跟前，看到它，如果你把它当成真实的，好吃，贪心就会生起；不好吃，嗔恨心就生；谈不上好吃不好吃，愚痴心又来了。这样你一直被你的感官迷惑，将永远得不到智慧，也没办法解脱。如果你如实地去了知，不要相信你的感官，就不会被它牵引。

当然，在我们的生活当中，也是很难的。来个张三，我马上就辨别他，他对我好或他对我不好。慢慢地懂得这些道理，我们就要用智慧来观照，任何的境界来了，我不要去排斥或贪著，我只有如实地了知，才能得到我所要的。倘若坚持你的那种思惟方式，恐怕会适得其反。我们可以好好想一想，是不是这样。

不管老和尚讲经也好，或者以前古大德的著作也好，或者印度的那些高僧来东土也好，无非就是告诉我们怎么样守护六根，善用其心。我们不单单停留在一个层次上，当产生一定作用的时候，我们要学会用慈悲心去对待一切人。因为刚才看到了旁边的人问讯不整齐，有感而发，随便说了这些。

做自己生命的工程师

> 诸法意先导，意主意造作。
> 若以染污意，或语或行业，
> 是则苦随彼，如轮随兽足。

> 诸法意先导，意主意造作。
> 若以清净意，或语或行业，
> 是则乐随彼，如影不离形。

《法句经》里面的语言是揭示真理的语言，是谁说的呢？是佛陀自己说的。后来的人将诸经典中佛所说的这些偈颂，汇集后编成了《法句经》，属于巴利语系。可以说《法句经》在世界宗教文化，人类道德修养当中，以其独特的地位而尊为首座。《法句经》的语句非常地优美，在内容上又贯穿着苦、集、灭、道四谛法。为什么称它为真理的语言呢？因为它揭示了宇宙和人生的真理，用最精辟的语言来阐述世间的一切。同时采用偈颂的形式来表达，让我们读起来朗朗上口，所以在世界文学著作中得到大家的全面肯定。

真理是横贯古今的,现在我们所提出的"构建和谐社会要从心开始"等,在《法句经》里都有很好的阐述。也可以说在当今佛法还没有被人们全部接受的时候,我们去读它、去思惟它,也会得到人生的启示。因其是来警觉世人的,所以它也能在当今社会起到主旋律的作用。

我们现在来学习《法句经》,就要能够体会到《法句经》是不受人为界限的,也不受自然的界限,也就是说它不受时空的限制。当我们读一首首偈颂的时候,就如同佛陀站在我们的面前。我们吃饭的时候,就如同佛坐在我们中央的法座上,他老人家一音说法,听者就能体会到原来是这么的真实,就能满足每一个不同根机众生的需要。如果你肯接纳,将会得到无比的快乐。

《法句经》有二十六品的,有三十九品的。我们现在来学习二十六品的,大约有五百颂,分成段有四百二十多段。我们将利用早斋的时间陆续来讲这二十六品,让我们时时都能感受到佛陀的谆谆教诲。

二十六品里的第一品是对品。"对"是相对的对,也可以说是双品,双品就是成双的"双"。为什么会称为"双"呢?"双"就不是单的意思了。这一品以偈颂的形式,偈语就是一段一段的,譬如用一首半偈来说恶因产生的恶果,那另一首半偈就是用来说善因所产生的善报。可以用一首偈来说善因产生的善果，另一首偈就来说恶因产生的恶报。

通过这样的一破一立来比较，让我们都能清楚地知道，原来因果都是我们自己所造的，也可以说我们每位都是创造自己的工程师。因为善恶果都是由你自己来种的，所以必须自己来承受果报。真理是横贯古今的，就像现在我们所提出的"构建和谐社会建筑师"一样，他要建一座大楼，建一座寺庙，因建筑物的不同，作用也不尽相同，所以在座的每位都是我们自己灵魂的工程师。

双品的第一段有一首半偈，这首偈说："诸法意先导，意主意造作。若以染污意，或语或行业，是则苦随彼，如轮随兽足。"相应地那首善的就是说："诸法意先导，意主意造作。若以清净意，或语或行业，是则乐随彼，如影不离形。"

前面是说恶念产生恶的造作，痛苦的结果；后者则是说善念的造作产生乐的结果。我们看到的这一切诸法，同时也是我们所造作的这一切法，追究其原因，都是离不开这个心的。所以，诸法，心是为先导的。我们身口意三业，意为业的根本。"意主意造作"是说造作的这一切，首先是从我们心的造作开始的。当心念不清净时，当我们的心念受染污时，生起了贪嗔痴，那么言和行上面的造作就随之而来了。

如果一个人常常地打妄想，打什么样的妄想，就会产生什么样的语言。有了这样的语言，慢慢就会付诸行动。行为做多了，就会变成习惯，习惯成为自然就会改变我们每个人的命运。实际也是这样的，当我们生起不清净的心念的时候，结果一定也是不清净的。谁对谁负责啊？都是不正确的，我们应该自己对自己负责才对。

我们应该知道心的作用，念佛也好，每天上课、诵经、拜佛也好，都是在转化我们的这颗心，让我们的意念里尽生善的念头，不起染污的念头。因为我们知道了世间的因果，如果起不好的念头，就会导致不好的行为，是要遭受苦果的。而根是在于我们的心，所以我们所经历的每一件事情都不要怨天尤人，一切的果报都是我们自己曾经在生命的流转中不断地造作而来，自己就是自己的主宰，只是在不同的时段中出现来塑造自己的生命。

造作了恶业，如果用一幅图画来表现，就像有一头牛拉着一辆车，上面装着很多重的东西。牛使劲儿地往前拉，车轮随着谁来动呢？随着牛的足迹来动的。它往前面走，那车也随着它往前面走，就是车是随着牛走的。恶业也是如此，如果是你本身的身口意所造作的，当然是以意为主了，就会像牛拉着的那辆满载重物的车，车一步都不离开你，跟在你的后面如影随形。影子是因为有你这个身而显现的，它不会离开你的。恶业也是一样的道理，善恶业都是我们自己的造作。

如果我们懂得了这个根本的道理，就了解了世间的善果、恶果都是我们自己创造出来的。想要真正地改变自己的命运，不是追求莫名其妙的神通和法力，而是应该脚踏实地地来改变我们自己。因为神通是敌不过业力的，造作的善恶业必须得自己承担。

目犍连是神通第一，可他最后还是被外道打死，因为他自己曾经造作了这样的业因，所以他必须得承受这样的苦果。

佛在舍卫国的时候，有一位阿罗汉来亲近佛，但这位阿罗汉双目失明了。他来的时候，因为眼睛看不到，就踏杀了地上的虫。第二天，其他的比丘发现了，就向佛陀反映说："盲眼阿罗汉他造了这么多的罪业。您看，他脚下踏杀了这么多虫。"

佛说："你们看到他踩死了这么多的昆虫吗？"比丘们说没有。佛就说："你们没有看到，就说他踏杀了这么多的昆虫，这位阿罗汉也没有看到自己踏杀的昆虫。既然没有看到，他就是没有心的造作，不是故意的。"

所以造恶业必须是有心的，要有杀虫的这种心。这又说明怎样的一个道理呢？恶业的根是在心里的。我们在戒律里判罪时，就是约有心没心的。意业所造的恶业是非常重的，我们应该引起注意，心的造作会导致身口的造作。

比丘们就不理解了，请问佛陀，他已经证了阿罗汉果，为什么他的眼睛瞎了。佛说:"这就要追溯到过去生中。有一世他当医生,医生应该很好地为人看病,但是他常常想谋取人的财物。有一个妇女来看病,他故意把那个妇女的眼睛给治瞎了。这个妇女为了求得光明,就说:'大夫啊,如果你能把我的眼睛治好,我和我的孩子愿意做你的仆人来为你服务。'于是医生就找种种的方法,把妇女的眼睛治好了。治好以后这个妇女又后悔了,找种种的理由不来兑现她所说的话。这位医生就想,既然你不兑现你的话,那就等着看吧。

有一次妇女又得病了,这位医生想方设法又把这个妇女的眼睛给弄瞎了。因此他不仅堕落地狱,而且生生世世受瞎眼的果报。今生有这样的善根遇到佛,修行成就了阿罗汉果。即使这样,还要遭受双目失明的果报。"

知道了恶念恶因不好,我们要用善念来主导思想。听了这善恶的一首半偈以后,希望大家都能紧束身心,都能得到法喜,都能好好地观照自己的心念,小心翼翼地来做我们应该做的每一件事情。

勤转念　证菩提

> 如盖屋不密，必为雨漏浸。
> 如是不修心，贪欲必漏入。
> 如善密盖屋，不为雨漏浸。
> 如是善修心，贪欲不漏入。

接待了一位同学，她说：我非常想用功，觉得自己也在用功，就是降伏不了烦恼。前段时期想压制贪欲的念头，现在碰上不顺心的人，又来压制嗔恚的念。但是事与愿违，反而更烦恼了。

我告诉她，之所以这样，是因为还没有正确地掌握修行的方法。我们初一、十五上早殿的时候都要念《二佛神咒》，里面有"勤转念，证菩提"这两句话。虽然只是短短的六个字，但已经把修行的方法都告诉我们了。

在我们清净的本性上什么都没有，但也可以说什么都有，因为妄心会随我们的业习而显现，所以经中才说"贪心嗔心本自性"的。当我们不好的心念生起来的时候，压是压不住的，就像石头压草，只是暂时压一下，不能解决根本问题。要怎样来对治呢？我们要学会"勤转念，证菩提"，也就是要善于修这颗心。

我曾经看到过这样一组图画：一个人特别地贪吃，已经很胖很胖了，坐在那里，桌上摆着很丰盛的饮食和水果。当他放纵自己的贪心，准备狼吞虎咽的时候，前方出现了一个骷髅头。看到这骷髅头，他若有所思，最后终于放下了手中的筷子。

这是告诉我们，人不过如此而已。活着的时候是一具会走动的骷髅，死后是一具不能动的骷髅，有什么好贪的？当我们吃饭时，如果能观照自己是在一口一口往骷髅头里送，所有的贪心、嗔心，自然就息灭了。断烦恼，不是说我就一定要把它断除，而是要学会转念的。当然，断也没错，因为成佛以后就具足断德。但是对于初学者，没到那个程度，还做不到。你只能用理智去认识烦恼，知道它为什么会生起，是从哪来的，然后去转化它。

佛在《法句经》里说："如盖屋不密，必为雨漏浸。如是不修心，贪欲必漏入。如善密盖屋，不为雨漏浸。如是善修心，贪欲不漏入。"意思是说：如人善于修理房屋，如茅草房，房顶的茅草盖得非常好，非常密，雨水就漏浸不进去。善于修心的人，贪欲的烦恼就不能侵入他的心。反之，如果不善盖屋，雨水必漏侵。如是不修心的人，贪欲必定会漏入的。这就是告诉我们，要懂得怎样来修这颗心。

阿姜查尊者说：你们不要看我行为上好像比较放松，不严谨，但是你们要知道我并没有闲着，我还是在用心。

一个有功夫的修行人，他的表相非常地随和，但他的随和并不影响那颗清明的心。我们初学没到那个程度，不能从行为上去效仿那些久学的人。初学有初学的修学方法，首先要思惟贪、嗔、痴等烦恼的过患，从外缘上离开那些能使自己生起不好心念的境。比如说，和我有缘，喜欢亲近的人，要适当地和他拉开距离；仇恨的人，能够用种种的方法去作念观照，转自己的念头，慢慢就能做到不被现前的境界所转。

为什么要修戒定慧？是因为心中有贪嗔痴。会修的人，就能做到"生死即涅槃"。因为一切念都没有离开自性，都是自性的流露。

佛在世的时候，一位比丘在河边修行，修了十二年，觉得什么都没得到。他很懊恼，想去找佛陀诉苦。佛陀为了度化他，示现成一个老修行，来到河边和他一起修行。

一天，一只水狗从河里爬出来，这时一只乌龟也从水里爬上来。佛化现的修行者对那位比丘说："同修，你来看。"他一看，河滩上有一只水狗和一只乌龟。水狗想咬乌龟，乌龟便把头缩回去，接着连脚也缩回去了，只剩下硬邦邦的外壳。水狗咬住它，都是龟壳，没办法吃掉它，不得已只好松口放下。乌龟看水狗远了，把头伸出来。一看它回来了,又赶快缩回去。

看到这样的场景,佛陀化现的修行者对那位比丘说:"修行就得像乌龟一样,藏六如龟,防意如城。慧与魔战,胜则无患。"

这个善巧的比喻告诉我们,要用智慧来观照自己的心,才能够让心产生防范的功用和灭除烦恼的智能。我们妄念不可能没有,但转念是能够做到的。日久功深,生死就转成涅槃,烦恼就转成智慧了。

所以,修行是一件很快乐的事。只要我们好好地修学、思惟、明理,用佛法的智慧来转化自己,最后一定能达到"慧与魔战,胜则无患"的。

智者不放逸

真正的修行是能够照看好自己这颗心，能从内心里生起来精进与努力的念头。

《法句经·不放逸品》中有这样一首偈："放逸中无逸，如众睡独醒。智者如骏驰，驽骀所不及。"

前两句的意思是说：如果处在放逸的人群当中，不要去看别人怎么样，而要能够警觉自己不放逸。因为只有不放逸才能持戒，只有不放逸才能修禅定……一切的功德都是从不放逸中得来的。

"智者如骏驰"，这里把有智慧的人比喻成奔驰的骏马。我们知道，千里马跑得非常快，能日行千里，对于驽劣的马来讲，是永远也没有办法赶上的。所以经中说"驽骀所不及"，也就比喻愚痴的人永远也赶不上智者。之所以称为智者，是因为他能常起觉照，警觉自己而不放逸。

那么怎样才叫不放逸呢？就像我们在众中，大家一起上课，一起诵经，乃至吃饭睡觉都在一起，几乎看不出来谁放逸谁精进。但因为各自用心的不同，修行的深浅也就不一样，所以不放逸最主要的是能提起正念。

　　因此，真正的修行是能够照看好自己这颗心，能从内心里生起来精进与努力的念头。修行的法门虽然很多，但最重要的，也是最根本的，一定是从修心开始。对于一位初学者，当他还不知道怎么样来修心的时候，不妨落实到行为上，依戒起修，慢慢心地就能得到清净。

　　希望大家都能做一位不放逸的智者，鞭策自己，每天都不断地进步！

心护得安乐

我们善护于这颗心,能够让心安住于正念当中,常生于善念,那么善的动机会使我们有善的行为,必然能得安乐的果报。

今天,我们来学习《法句经·心品》里的两首偈:"此心随欲转,轻躁难捉摸。善哉心调伏,心调得安乐。此心随欲转,微妙极难见。智者防护心,心护得安乐。"心品的内容,主要是让我们知道心的作用,能够来善护于这颗心。

佛说:"此心随欲转。"我们这颗心随着自己的想法、欲望,刹那刹那地生起念头,一会儿这样,一会儿那样,变幻莫测,从不停止。

佛又说:"微妙极难见。"对于粗的心念,我们还能观照到,但微细的心则很难见到。人们研究这颗心,把它分成七识、八识甚至九识,粗心众生一般是很不容易观察到的,所以佛说智者善护心。

正因为有种种的心,佛才制种种的法来训练我们的心志。我们修行人,虽然没有扛枪上战场,没像工人去做工,农民去种地，但要真正能够时刻生起警觉的心来训练心志，那也是一件非常不容易的事情。

初学者要通过持戒来训练这颗心。佛不让做的一定不去做，让做的我们努力去做，这样我们的行为就有了所依的标准，对于比较粗的心念，就会有所防范。但对于微细的念头，则不容易把握，所以有智慧的人，他知道要时时善护于这颗心的。

转化心的过程，先要做到转恶心成善心，慢慢再做到转善成净。我们看护这颗心，最初要告诫自己：只能让它善，不能让它恶。如果我们经常起恶念、行恶行，心就会被染污，导致将来一定要感受痛苦的果报。反之，我们善护于这颗心，能够让心安住于正念当中，常生于善念，那么善的动机会使我们有善的行为，必然能得安乐的果报，所以佛说"心护得安乐"。

希望我们听了佛陀的教诲，能够时刻来防护这颗心，早日和佛的心相应。如果能和佛的心相应，我们就会离开种种的烦恼痛苦，我们一定是很快乐的。

烦恼从哪儿来

很多事情的发生,都是因为我们心里没有正念,才给自己带来种种的痛苦和烦恼。所以很多的问题是在于自己,而不在于别人。应该指责的永远是自己,而不是别人。

给大家讲个故事。佛在世的时候,印度的西面有一个偏僻的民族,叫卢舍那。那个地方的人生性比较好斗,大多比丘都不敢去那里弘法,所以那里很久都没有寺庙,也没有出家人。十大弟子中说法第一的富楼那尊者,了解到这种情况后,生起很大的悲心。他向佛请求,希望佛能让他到那里去弘法。

佛说:"那里的人,生性凶残好斗,你去了以后,恐怕会辱骂你、诋毁你,那你怎么办呢?"富楼那说:"那里的人是非常有智慧的,他们完全可以用手、用石头来打我、投我,而只不过是诋毁、辱骂我而已。"

佛说:"如果他们用手打你,用石头投你,你又怎么办呢?"

尊者说:"他们也是很有智慧的。他们完全可以用杖、刀伤害我，而只是用手、石头来打我、投我。"

佛又说："他们要用刀杖来伤害你，你又怎么办？"

富楼那说："他们还是很有智慧的，他们完全可以把我杀死的，而只是用刀杖来伤害我。"

佛说："如果他们真的要把你杀死呢？"

尊者回答："佛教导我们，众生在三有六道轮回里头出头没，受贪嗔痴的驱使，造过很多的恶业，所以我们应该厌离这个色身。佛教导我们种种的厌离法，而现在他们能够打死我，正好成就我厌离色身的修法，所以我还是觉得他们是很有智慧的。"

佛听完以后说："你可以去那里弘法了，因为你懂得了怎样保持正念，能柔和忍辱地去面对一切。"

从这个故事当中，我们能体会到，很多事情的发生都是因为我们心里没有正念，才给自己带来种种的痛苦和烦恼。我们平常所学，不管经律论三藏，乃至一切的佛法，其实都是方便引导我们开发内心的真知，让我们学会长养正念的。

就拿七觉支的修学来说，平常的生活当中，如果能够常常有意地提醒自己一定要培养觉性，保持当下的正念，当我们真正能够提起正念的时候，念觉支就生起来了；当不受杂念的侵扰，正念相续的时候，择法觉支便能生起；当策励自己要保持正念现前，我们已经在行精进觉支了；

如果能够不断地要求自己，随之而来欢喜就会充满，喜觉支、轻安觉支就会生起，这样就能轻松愉快地去面对一切；不管逆境也好、顺境也好，能把握住就是定觉支的产生，此时对于外面的五欲六尘就有抵挡的能力，就会做到不被外境所转；而且遇到事情心无偏颇，能从各个方面来考虑，这就是舍觉支的生起。

反之，如果不能用所学的佛法指导自己的行为，正念没有提起，在遇事的时候就会被事所转，完全跟着外境走。所以你只能接受顺境，别人要理解我、支持我，一点点逆反的事情都受不了，这样对我们的修学是一点好处都没有的。

所以我们一定要认识清楚，上课、学习只能告诉、提供我们一些理论上的依据。而在我们的实际生活当中，就需要我们来观察、训练自己，给自己一个提醒，知道有哪一方面的不足。就我本人来说，我常常反省自己，一天下来都要作一个总结。

与人相处，如果只从自己的角度，不能全面地观察了解对方，即使是善意的指责也会起反作用的。所以提醒自己，要给对方多一分理解。多一分理解就会长养自己的一分慈悲，多一分慈悲就会开一分智慧，因为你要去想办法让对方欢喜。

所以告诫自己，当遇到了坎坷和解决不了的事情时，应该检点自己发心正不正确,有没有真正地生起慈悲心,所使用的方法善不善巧,人家能不能接受等。所以很多的问题是在于自己,而不在于别人;应该指责的永远是自己,而不是别人,这是我给自己的总结。

锻炼是从心开始的。外面的一切,我们都应该很好地去理解。当我们面对任何的人和事,能换一个角度去想,凡事就能从内心里生起感恩。这样的话,你才能像富楼那尊者一样去那个野蛮的民族弘法,感觉到对方是非常好的。

如果我们时时刻刻都能感到别人在关怀着自己,不管怎样对待我都是成就我,那么成功在向我们招手。希望大家能从内心里提起正念,不断地策励自己,给自己带来真正的法喜。

如果你的修行总是没有进步，就要看看到底是什么原因在作怪，找出来那个作怪的东西，然后加大力度地来改变它。在人生最需要办的事情当中，其中的一件就是每天进步一点点。只要我们能找到自己的盲点，然后每天致力于去改变它，日积月累，如古人用纸钻玉的精神，又有什么事情不能成功呢？

大华严塔

未成佛道　先结人缘

修行人要把自己的性格调柔得像水一样柔软，不要遇到什么事都和别人硬碰硬。

前几天有位居士给我看他珍藏的一块玉，玉的名字我记不起来了。那是一块非常珍贵稀有的玉石，将近一寸厚，上面还刻着很像甲骨文的文字，可以推算出，至少是块千年前的古玉。最值得一提的是，玉上那个穿绳的小孔，确实是不同寻常的。孔的外面比较大，到里面就越来越小了，一看就知道不是用我们现代的钻头之类的东西钻穿的。主人介绍说，这是用硬纸卷起来，一点点钻透的，所以到中间孔就越来越小。我们想想，那么硬的玉石，要用纸把它钻透，这需要多少时间，需要多大的耐力！

从中我们也可以得到一点启示：如果把古人那种雕琢玉石锲而不舍的精神用在修行上，用在日常生活当中，那做什么能不成功呢？

相信大家都有同感，为人处世，与人相处，是一件非常令人头痛的事情。但是要成就佛道，一定要先结缘，所以这就需要我们用古人钻玉的精神来战胜自己了。

我们知道，释迦牟尼佛在因地里，为了众生抛头颅洒热血，大地没有芥子许大的地方不是佛为众生献身处，也没有哪个众生没有被佛服务过。正因为佛结下了那么多的善缘，所以才有那么多人受佛的教化。即使现在还有不受教化的人，那也只是目前的因缘还没有成熟而已。所以，在我们未成佛道之前，也要先结人缘，尤其不要放弃面对面相处的人。

愿老法师在世的时候也说过："修行人要把自己的性格调柔得像水一样柔软，不要遇到什么事都和别人硬碰硬。"当你走不过去的时候，要像水一样绕一下弯，见山绕着山走，见石头绕着石头走。如果这个地方比较坑洼，不要着急，等水流满了自然会溢出来，又向前流去了。

这也可以说是我们保全自身、为人处世的一个好方法，所以我们一定要从生活的点点滴滴中来观察这颗心，看看自己的心有没有柔软。其实柔软心也就是慈悲心，有慈悲心的人在一切时一切处都会去为他人着想，不会光想到自己，这样自然能与人相处融洽，广结善缘了。希望在初学的阶段，一定要学会用心，学会培养自己的慈悲心。

修学佛法谁也没办法代替谁，一定得靠自己去找、去修。如果你的修行总是没有进步，就要看看到底是什么原因在作怪，找出来那个作怪的东西，然后加大力度地来改变它。在人生最需要办的事情当中，其中的一件就是每天进步一点点。只要我们能找到自己的盲点，然后每天致力于去改变它，日积月累，如古人用纸钻玉的精神，又有什么事情不能成功呢？希望大家每天都能进步一点点。

开拓进取

我们做个出家人,也要有危机感。如果我们今天不努力,生死大事今生就不能了脱,成佛更是遥遥无期的事了。浪费一天,就等于又错过了一次让我们成佛了生死的机会。

现在有些同学要报考大学,但是大家一定要知道,我们不是要培养为名为利的人,而是要培养一批真正能走向国际,把大小乘佛法融合起来的出家人。

前几天我很感动,藏地的一位喇嘛尼来,她看了普寿寺以后就说:"我立志回西藏建一所像普寿寺一样的佛学院。将来送那里的学生到这里来学习,另外也希望这里的学生能到那里去。"因为时间很短,我们共同探讨了几个问题。

藏地现在真正缺少的是什么呢?是啊,从佛法的次第上来讲,可以说是完备的,但是还不算是圆满的。为什么呢?因为大家还是忽视了对戒律的学习和行持。尤其是女众,因为二部僧戒还没传到那里去,根本就没有比丘尼。另外,上课时不论是出家人,还是在家人,都一起去听,这里面也会有很多的弊端。而现在汉地呢，又让人感到好像是一盘散沙。所以，把南北佛法融合起来，汉藏佛法互通，达到显密圆融，应该是落在我们这代人身上的责任。我们应该告诉大家，怎样的佛法才算是次第完全殊胜道。

末法时代要作引导众生的明灯，你的愿心有多大，相应的行就要有多深，而这种行一定要经过严格训练和培养。所以住在常住，你要能够接受培养，这个是很重要的。

如果说仅仅为了有一个地方自学，大可不必住在普寿寺，因为现在比普寿寺大的庙多得很，比这里条件好的地方也多得很。大家为什么要来这里呢？我想，还是留恋文殊菩萨。再者，住在这里对一个出家人来讲，还算对得起良心，因为没有做一些和佛法相违背的事情。

在这里，不管你自觉不自觉，总还是给你一个大环境的考验，所以在某种程度上可以说，只要住在普寿寺的人，都还算是有道心的。但是仅仅停留在这个层次上是远远不够的，真正是人才，将来就一定要把佛法弘扬于四方。

我记得有人讲过这样一个比喻，他说：就像一群羊，每天懒洋洋的，如果你给它放进去一只狼，它们都会警觉起来。现在的世间人每天奔波忙碌，他们为什么啊？因为他们有危机感。如果今天不努力，明天可能就会被淘汰。

我们做个出家人，也要有危机感。如果我们今天不努力，生死大事今生就不能了脱，成佛更是遥遥无期的事了。

浪费一天，就等于又错过了一次让我们成佛了生死的机会。而我们的淘汰，可不是一般的淘汰，而是要被淘汰到三恶道里去的。到那个时候，可就后悔莫及了，所以大家对自己要有一分警觉。

我们住在一个地方，安住于本位是最要紧的，但还要用发展的眼光来看问题，并采取种种的手段，积极地开拓进取。相信大家只要肯接受培养，将来都会成为合格的僧才。

将往何去处

只有一个知道念死的人,才能够真正生起来修道了生死的心。从轮回里来,我们完全可以不向轮回去。

佛陀在世的时候,有一次大众聚会,来了一位十六岁的女孩。她是一个纺织女工,以织布为生,但她非常有善根。今天她来到这个聚会当中特别想听佛开示,而佛观察到,她会在意外的事故中丧生。

佛一直慈悲地注视着她,这时候小女孩也看到佛慈祥的目光。她走到众人之外,佛从座上下来,亲切地走到她的跟前问她说:"你从哪里来?"

女孩就想:我从哪里来,佛陀一定知道的,他应该不是问我从家里来的。所以她回答:"我从轮回来。"

"你到哪里去?"佛陀接着问。

她又想:佛陀一定知道我要回家的,肯定不是问我这个问题。她就回答说:"我不知道。"她的意思是说,我这一生结束,不知道会到哪里去。

佛陀又问:"你知道自己什么时候会死吗?"

她摇摇头说："不知道。"

"那你做好死的准备了吗？"

女孩说："我时刻准备着。"

佛陀说："你回答得好。"

小女孩和佛陀说完话以后，思惟着佛陀问她的话，也思惟着死亡，便回到了家里。当时已经半夜了，惊动了正在熟睡的父亲。她的父亲一翻身，不小心把织布机上的一个机关弄动了，弹出织布的梭，正好打中小女孩的要害部位，当场就死了。

她的父亲很悲伤，第二天找佛陀要求出家。佛答应了他的请求，并开示大家："什么是永恒？死亡对每个人来说，才是永恒的真理。"

所以，只有一个知道念死的人，才能够真正生起来修道了生死的心。从轮回里来，我们完全可以不向轮回去。

养成良好的修行习惯

当我们还不能调伏这颗心的时候,不妨从调伏心的前方便开始,养成一个很好的修行习惯,这样慢慢地自然而然会转变自己。

我们每天重复地上殿、诵经,乃至吃饭过堂等,无非是要让我们养成一种习惯。记得性空长老给我们开示时说过:修行要养成一种习惯,习惯成自然,我愿意去修行,这样才能够身安、心安。如果没有这种习惯,则很难安下来。

我们知道一切法皆在于心,当我们还不能调伏这颗心的时候,不妨从调伏心的前方便①开始,养成一个很好的修行习惯,这样慢慢地自然而然会转变自己。否则,虽然说得很好,但在实际生活当中,我们常常会被打败的。由于无始劫来的习气,遇事不是贪就是嗔,或者愚痴,这就是我们训练得太少了。要学会训练我们的身,训练我们的口,训练我们的意。从因果的角度来说,我们的起心动念,言行举止,无不是在因果当中。

我有时候想一想自己，也算是比较年轻出家。很快二三十年就过去了，回过头来检点一下，实在有很多很多的过错。比如说，有一次身边随行的人没有满自己的意，东西没有及时拿来，我脱口就说了一句不好听的话。说完，我马上就发觉到，这口业造得太大了。虽然忏悔了，但是心里还是不安，觉得这个嘴巴吃饭说话，若一时的不慎，就会说出很有过失的话。所以现在真的从心里战战兢兢的，我们的一个念头、一句话、一个行为，自己应该对自己负责啊！

我们常常说因果，实际我们忽视了一个"缘"。要给我们无始劫来善的种子，给它一个善的缘，让它很快能结善的果，乃至欲结成佛的果，就要给它成佛的缘。

我们应庆幸自己宿世的善根——难得的人身，更难得的是有幸能听闻佛法，更有幸能够出家，所以应该利用这些好好地干一番成佛的事业。

大慈大悲的佛陀为我们开示了无数的法门，依之而行无不让我们解脱成佛。认真想想，就像自己这样劣根的众生佛都不舍弃，谆谆教诲，真是粉身碎骨也难报答佛的恩德！

那天听同学们诵《遗教经》的时候，真的太感动了！作为一个出家人，我们学大经大论，但我们有没有反过头来把遗教三经好好地看一看、学一学？尤其是《遗教经》，佛临涅槃的时候说的。看看佛的那种悲心是怎样来教导他的弟子的，要怎么样地以戒为师、少欲清净、坚持真理……

我们要回过头来看看自己究竟做得怎么样。我现在才发现自己，不是最高深的没有学到，而是最基础的做得还很差。所以我昨天就找到一本《遗教经》，发心把它定成功课，就像回到小众时代一样。因为那个时候诵没有体会，现在来诵就有了体会，觉得就是这么一本《遗教经》，让自己解脱也是绰绰有余。

这是我自己的一点感受，给大家参考，希望能对大家有所利益。

---

①前方便：简单来说，指基础或准备工作。

俭以养德

当我们今天拥有了福报，实在应该好好地珍惜，不要一下子把它享受完，因为我们需要用福报来成就道业。

我们都在学习佛法，在研究佛法道理的时候，都是唯恐不深不妙。如果反省一下自己就会发现，在指导怎么样去落实于行动方面，一般人是比较忽视的。之所以会这样，就是因为没有体会到佛设教的真正用心。

我们知道，佛陀当年逾城出家，遍参外道，历尽千辛万苦，最后得出结论——无益的苦行是没办法解决生死问题的。所以佛后来舍弃外道，于菩提树下夜睹明星大彻大悟，告诉我们修行必须从心上入手，不用心的苦行是无益于修道的，对此，佛称之为无益的苦行。但是在生活中，佛还是非常推崇少欲知足的。佛为出家人制的行四依[①]，就是告诉我们要把生活中的受用降到最低的标准。

佛给了我们很大的福报，我们自己也确实很有福报。因为无始劫来，我们都曾经很多次供养过三宝，也曾精进地修行，只是没有坚持到最后而已。为什么这么说呢？因为如果没有福报，恐怕我们今天也不可能会不愁吃穿地坐在这里。可是过去生中所修的福报，也不是一朝一夕、轻而易举修来的。因为要能遇到三宝，修大福报，也不是一件简单的事情。所以当我们今天拥有了福报，实在应该好好地珍惜，不要一下子把它享受完，因为我们需要用福报来成就道业的。

在修行当中会遇到种种的不顺，或者身体的障碍等，这和我们的福报是有关系的。灵芝律师曾说过：如果没有福报，吃人信施，肚子都会裂开的。我们没遇到这种现象，是因为为恶疾缠身所代替了。所以我们应该生惭愧心，珍惜生活当中所拥有的一点一滴。

我们现在受用信施并不是为了享受，好逸恶劳，而是为了借助于一个好的外缘，更能精进修行，早日得道。将来能够弘化一方，利益众生，承担起如来的家业。

但在生活当中，要真能做到少欲知足、珍惜拥有，实在是件不容易的事，因为人是会迷的。当没有的时候会觉得很珍贵，当你拥有的时候又会觉得这没有什么。就像我本人，刚出家的时候是比较惜福的，比如那些包香的纸、盒盒什么的，都舍不得扔掉，都要好好地整理，剪成纸片利用起来。至于穿的呢，刚剃头的时候只有一件短褂，黑夜洗了，第二天干了再穿。可现在就完全不一样了，穿的用的都不缺，自然而然地就把以前的好习惯给淡漠了，甚至慢慢地没有了。我们同学应该也会有类似的一些感受吧！所以，我们就要正确地去对待。当我们已经够穿够用的时候，就不要去多贪，而应该把多余的、比较好的去供养那些物质匮乏的人。

有一天见到一位师父，彼此谈论一些修行方面的感想。她说当别人给她一些好东西的时候，她就会考虑一下：我真的需要吗？当别人去喝咖啡果汁的时候，她说："我只要有一杯白开水喝就会觉得很舒服了，实际上连这杯白开水都应该把它节省下来的，但是我还是贪了这杯水啊！"

所以修行，就看你怎么样去用心。不管你是诵经念佛，还是参禅修观，最主要的是能做到当心对境时，心能不随境转，见好的不要去贪，乃至不起种种的分别之念。

我们现在虽然拥有好的外境与福报，但也希望大家能常常提醒自己好好珍惜。借此机会认真修行，做一个有修有证、能利益众生的好佛子。

---

① 行四依：粪扫衣、常乞食、树下坐、腐烂药，此四种行入道之缘，上根利器所依止故。——《四分律行事钞资持记》

去三业不善

> 不眠者夜长，倦者由旬长，
> 不明达正法，愚者轮回长。

佛在世的时候，发生过一个这样的故事。

有一个国王，一次去民间游玩，遇见一个老百姓的妻子，长得特别漂亮，他就生了占有之心。但是要怎么样才能达到目的呢？他想了一个办法：把这个女子的丈夫调到宫里做事。

一天，国王想出了一条毒计，要派遣这个男子去办一件事情：到十二由旬（一由旬四十里，十二由旬合计四百八十里）外有蛇王守护的山上，取回一些土和山上水中的莲花。必须一天赶回来，如果赶不回来，就要被处决。

这么远的路程，还要靠步行，当天赶回来几乎是不可能的事。但君命难违，不得不去。第二天一大早，男子告别他的妻子，带上干粮急急忙忙地上路了。

一路上走得非常辛苦。不过还好，快到目的地的时候，他碰到了一个行人，同样走得又饿又累。那个人没带路粮，很可怜。他赶紧把自己的干粮拿出来和那位可怜的同伴共享，并且把剩下的撒到河里，同时祈愿："我的干粮和别人共享，现在把剩下的和蛇王共享，愿我们都能够离恶向善，结一个好缘！"

祈祷完以后，一会儿就来了个老人家，蛇王化现的，他对男子说："年轻人，我可以满你的愿。你需要的花和土给你准备好了，拿去吧！"男子非常感激地接过来，拜谢之后就急急忙忙往回赶。他使劲儿地走，感觉路越走越长，到太阳落山的时候赶回了城里。

再说那位国王，因为害怕男子赶回来，不能达到自己的目的，所以就提前把城门关了。年轻人进不去，没有办法，他把花和土放到城门上，大喊："国王想处死我，但我把花和土拿回来了，我要告诉所有的人！"

说完后他想：要去哪里才能找到我的安身之处呢？对，到寺庙里去，只有那里才是宁静的处所。于是，他径直来到附近的一个寺庙里出家了。

国王把女子的丈夫打发走以后，好不容易等到了晚上。他盘算着到天明的时候，怎么样去和那个女子共欢。他盼啊，盼啊，觉得夜怎么这么长，过一秒就像过一个小时似的。尤其到后半夜的时候，听到各种悲惨号叫的声音，令他非常恐怖。他想：天怎么还不亮呢？在万般煎熬当中，终于等到了天亮。皇后劝他："你不要再起非分之想了，最好，我们去请问佛陀吧！"

国王和皇后一起去拜见了佛陀，向佛陀叙述了他的心情，并感慨地说了一句："睡不着，夜真是太长了！"

佛告诉他："你后半夜听到的号叫声，都是地狱里的人发出来的。他们在获得人身的时候不知道行于善法，因为做杀盗淫妄的过失而堕落。所以，做人一定要明白正法，能够好好地止恶行善。"

与此同时，那个取花的男子也来顶礼佛陀，听了佛陀的开示说："佛陀，我也有一种感受，倦者由旬长，路怎么也走不完，很是漫长。"

佛给他们做了种种的开示，并说了一首偈："不眠者夜长，倦者由旬长，不明达正法，愚者轮回长。"意思是说，睡不着的人会感到黑夜很长，疲倦的人走路会感到路途很遥远，不明达正法、愚痴的人在六道里会轮回很久。听了这个故事，大家一定有所感想吧！

今天，我们应该庆幸自己能遇到正法，知道了让我们轮回生死乃至堕落三恶道的原因。所以应该心生警觉，好好地看护好自己的心念，不要再去造作恶法。

佛法虽然博大精深，但归回来说无非是让我们的身口意起到变化，把三业的不善去除，趋于清净。当我们三业清净的时候，相应的果一定是清净的。反之，则会让我们轮回生死永无出期。

我们一定要珍惜自己过去生中所培植的善根，今生更加努力地让善根一天天增长，菩提念念增上，这样才不辜负此难得的人身，不枉做回出家人。

脚踏实地　积极进取

> 唯求住净乐，不摄护诸根，
> 饮食不知量，懈惰不精进，
> 彼实为魔服，如风吹弱树。

"唯求住净乐，不摄护诸根，饮食不知量，懈惰不精进，彼实为魔服，如风吹弱树。"这是《法句经·双品》里的偈颂，意思是说：只知道追求世间的享乐，不懂得善护自己的六根，饮食不知限量，懒惰懈怠也不精进，这样的人会被魔征服，就像大风吹倒脆弱的小树一样容易。

在我们的修道过程中，要能真正地识破五欲的过患，不为魔所征服，能够精进地修行，其实也是很简单的。最主要的是，我们要知道生命是无常的，死期是不确定的，应该时刻准备迎接它的来临。

我们刚一出家，老和尚们就告诫我们：生命就像鸡蛋壳一样，一碰就碎的。死缘多，活缘少，不要想着自己会活得很长久。重要的是，必须珍惜把握现在所拥有的时间。

但是人都有这种习性，虽然知道死无定期，但因日日不见死，于是常见又生起来，所以就会想多多地储存。我们看世间的人，整天奔波忙碌，为了什么？忙着去准备以后乃至老年时受用的东西。

在阿拉伯半岛流传着这样一个故事：有一个国王，他用金子和钻石造了一座非常精美的宫殿。他向人炫耀说："这个宫殿就像天宫一样美丽。"建好以后，他正准备住进去尽情享受的时候，在门口站着的真主派来的使者告诉他说："您的死期已经到了，请跟我走吧！"

佛教里同样也揭示了无常的道理。佛在《八大人觉经》里说："世间无常，国土危脆，四大苦空，五阴无我，生灭变异，虚伪无主……"所以，世间的所谓金银财宝乃至一切，在死亡面前都是无能为力的。

小时候读《一千零一夜》，记得里面有这么几句话：尘世间就像为旅客开的一个客栈，投宿一夜，第二天必须各奔东西去走各自的路。

其实，我们都是三界（欲界、色界、无色界）里的客人，这里不是我们的久留之地，因为这里面充满了恐怖、苦恼。如果不好好地修行，这一生结束后，谁也不敢保证自己不再沦落到恶道。但是真正的修行，又必须从自己的内心里来认识，知道修行不能依靠别人，而是需要自己脚踏实地地去做。

禅宗就有一个这样的故事：有个人急急忙忙地求道，

投靠在禅师的座下，希望能赶快给传一个最高的法门，让他早日开悟。禅师对他说："不着急，你稍等一下，我去去厕所。"回来以后就告诉他说："像解手这样简单的事情都需要自己去做，修行，别人能帮得了忙吗？"

我们都喜欢念观世音菩萨，你知道观世音菩萨手里拿着念珠，她是在念谁呢？她是在念她自己呀！所以，外缘只是一种启发，最主要的还是在于自身的努力。但是我们又离不开外缘的帮助，因为我们的本觉一定要借助于始觉，也就是要通过听闻佛法等来开发。

当我们知道了无常的道理，了解到自己不知道什么时候就会离开这个世间，"万般带不去，唯有业随身"的时候，一定要认真地去思惟去修。这样自然就不会再注重现世的贪求，精进修道的心就能生起来了。

不要把修行停留在一种形式上，一定要学修并进才能得到真实的受用。现在我们在外缘上给大家创造了比较好的修学环境，因为有一个好的环境，对我们的修道很有帮助。就如佛制的戒，让我们远离缘非是从外缘上来净化我们这颗心的。

佛说得人身难，听闻佛法难，真正地建立起正知正见来如法修行更难。希望大家能够真正地把心定下来，好好思惟无常的道理，放下一切的贪著，真正享受到佛法的快乐。

当念无常

汝宜自造安全洲,迅速精勤为智者。
拂除尘垢无烦恼,不复重来生与老。

佛在世的时候,有一位岁数很大、接近死亡的老人。他一生没有做过什么善的事情,但他的儿女们都非常孝顺,也都归依了佛陀。于是儿女们就把佛陀请到家里,希望佛陀能给他们的父亲开示。佛陀说:"你已经像干枯的树叶,魔的使者已经来到你的身边。你已经到了死亡的门外,旅途中的你没有任何的资粮。"

这里面的意思,大家都能听明白。虽然我们现在可能还年轻,还没有成为一片枯叶,但是你要知道,枯叶一定是由绿色的树叶变成的。

当过了冬天,大地复苏,树枝发芽变绿。经过夏天到秋天,秋风扫落叶。再到冬天这种凋零的景象,我们看看,树上还零零落落地有些树叶。我们平常都说春夏秋冬,但是佛教里的说法却是先说冬,再说春夏,目的是引发我们无常的观念。

很多大德也警觉我们学要学得多，实际修时只要念起死来，修行就能入门。如果你生不起来"无常大鬼不期而至"的心，就是说不能把自己观想成这么一片枯叶，随时被风吹下来就会丧生，那就是还没有入门。

现在确确实实感到，虽然我们今天还在蒙昧，但死亡的使者即将敲响我们的门了。如果不好好地积聚上路的资粮，那么我们这一生很容易就结束了，到下一生的开始又会是怎么样呢？

我们这几天的事情也是比较多的，尤其是今天。一方面要去纪念一位老和尚往生三周年；另一方面有一位老师父在以身说法，需要我们去给他助念。其实不管遇到什么样的事情，都是在给我们上课，无非是让我们来了解生命的真相。生和死是生命的两端，我们了解生可能非常困难，但我们了解死是非常容易的。我们去给那位老和尚纪念往生三周年，也是让我们去了解死；现在给那位老师父助念往生，也是在了解死。一旦了解了死，就很容易知道生，也就能够生起来了生死的心。所以说遇到的每件事，对我们修道来讲，都可以在你接受这件事情当中去悟得苦空无常。

对于死的话题，在家人都很避讳，不愿意谈。对于我们出家人来说就要好好地看，好好地谈了。去为别人助念，观察别人的死，对我们来讲，就是修道的助缘。它让我们觉醒，世间上无论贫富，无论官位多么显赫，不管有多么大的成就，都逃脱不了死亡的结果。所以，死亡应该是一位伟大的平等的评论者。当我们了解了它，就不会恐惧它，更应该激发起我们修道的热情。固然有的人外缘上很好，拥有很多福报，但是都不如自己精进用功修行。

佛在《法句经》里面教导我们："汝宜自造安全洲，迅速精勤为智者。"这个安全洲，就像水中间有块陆地一样，不会被水淹没。这个安全洲要我们自己来造，如果你能够建造得起来，生死的海水就淹没不了你。否则你就会被生死的大海吞没，头出头没不休。如果真正懂得了这个道理，在生活和修行当中，就能拂去烦恼的尘与垢。

我们学习《俱舍论》，就是要知道什么是烦恼，同时知道烦恼是怎么产生的，以便降伏烦恼。我们要知道烦恼的来处，跟踪追击将它除去。就像桌子上的尘垢能擦干净，如果真正能够去除烦恼，是不复重来生与死的。谈到生和死的事情，也是来去自如的。来是为众生，去也是为众生。我们到生死自如的时候，又是一番境界。世间上五欲的快乐都是暂时的，而真正了脱了生死，得到真如自在的境界，那才是真正的快乐。

曾经看到小孩子的天真，青年人那么旺盛的精力，但人在慢慢步入中年后，就会迎来体弱多病的老年。我们为什么要建清泰园？就是要建一个人生旅途上的中转站。人从生下来，就在人生的道路上反复磨炼。有一幅图画，形象地画出死亡的景象：一具骷髅张开双臂等着拥抱你。在人生的旅途上，总是要找到一个归宿，找到一个解脱的方法。

　　我们为什么要来出家？实在是知道了老、病、死的不可爱、不光泽；是为了把自己献身于众生，引导众生能够认识生死，了脱生死，真正地觉悟宇宙和人生。每日摸头自省，常常要给自己一个鼓励："高洁尊严人天师，如来亲子不自弃。"我们一定要珍惜自己的这一生，珍惜自己出家的因缘，更珍惜我们有这样的机会彻底地为众生奉献一番！因为出了家以后，才能够真正知道出家的境界：出家来做人天师，广度众生生与死。同学们和居士们，让我们共同努力！

举眼向上

一个出家人,舍弃父母和世间的种种事业,为的就是出家了生脱死,成佛度众生。我们已经出家,如果不能全然地放下世间的一切,在道业上是很难增进的。

佛在《法句经》里面说:不与俗人混,不与僧相杂,出家无欲者,实为修行人。

如果约发心来讲,真正的出家,出家无家处处为家,走到哪里安在哪里。如果一个修行者时常和世俗的人混在一起,不利于自身的道业。"混",就是不谈论道业了。昨天有人说:"很奇怪,有一个出家人,在我们寺里只住了一晚就走了,在离寺庙不远的俗人家住了七天。"当然,不是说完全不能到俗家去。但是,一个真正的修行者,当你的程度还不够的时候,和世俗人混杂在一起,会对道业有影响。就像清凉国师,他是发愿胁不着白衣之床的。

"不与僧相杂"呢?就是出家以后要举眼向上,向圣贤之人看齐。所以,老法师在世时常说:"争当上游,不做下流。"也就是说,出家者,如果和他在一起,能增进道业,那才与他相处。如果在一起，谈论国论、男论、女论、贼论，这是出家人不应该做的。出家无欲，作为一个真正的修行者，确实要能够放下世间的一切。

看到人命无常，真的心里很着急。一个出家人，舍弃父母和世间的种种事业，为的就是出家了生脱死，要能够成佛度众生。我们已经出家，如果不能全然地放下世间的一切，在道业上是很难增进的。当我们还不会修的时候，要多在法义上深入。不管上什么课，学哪一科，一定要组织大家讨论，从讨论中互相启发。毕竟，我出家这么多年，就是这样走过来的。

前几天，有几位出家众说特别喜欢戒律，这是出家人的本分，尤其现在也都在号召。他们觉得看了以后好像都看明白了，但就是生不起来觉受，触动不了自己的内心。我告诉他们：无论学哪一科，为什么都要有师父呢？它会有一种就像我们说的传承也好，加持也好，会产生一股推动我们向上的力量。因此，我们各个部的负责人和同学们，大家一定要珍惜！

真正地出家了，我们就要做一个真正的佛子，每天心缘于法上。佛法道理很容易懂，但是修呢？一定是一步一步地修过来的。烦恼必须要断，先粗后细。大德曾告诉我们解齐佛觉，行以次第。我们学的时候，可以生起来佛的觉悟。但是行时，一定要有次第。

我昨天鼓励小众，我们每天这样忙啊忙啊，无形当中消了我们很多的业。有位小同学说，今年和去年不同了，以前可能是信心不够，今年生起信心来了。我说，这个原因很简单，你为大众服务，这就是得到了加持，所以你觉得心安定了，信心生起来了。

不管比丘尼师父也好，小众也好，要耐得了寂寞，忍受得了痛苦，包括身心各方面的。也就是说，没有经过实际训练的人，以后是经不起风吹雨打的。所以说，每天生活当中的点点滴滴，都可以让我们反省，都是让我们觉悟的。

我们无论学、修，或是做，都应该有一颗欢喜的心。当你用一颗欢喜的心来接受一切时，所做的一切就成了我们修道的资粮。我觉得，真正地能够从点点滴滴当中去反省和觉悟，那我们终究会得到像佛一样的大彻大悟。我个人也是这样一点一点走过来的。

昨天中午接待居士，有一对夫妻，他们的小孩子玩电脑，在屋里几年了都不出来，他们说没有办法改变。这也给我们一些深思：为什么他会钻到里面几年都不出来？因为他进入了那种虚拟的世界。我们怎样把他从那个虚拟的幻境当中喊出来呢？实在也是我们要反省的问题。青少年的教育应该怎样做？虽然他与我们没有直接关系，但是佛陀的教育就包括了这一部分。

晋朝的净检比丘尼，她的成就是因为空中来一位女子，手拿着五色的莲花，她一伸手搭上就走了。来的那是谁呢？来的就是空行母。因为有学密的，所以跟他们讲。而且又谈到能量守恒定律等，实际上完全可以拿佛法来解释的。

　　佛法是科学的科学，哲学的哲学，实在需要我们认认真真地去体验。如果你真正地能在佛法当中开智慧，世间的很多东西，你一接触就能懂，不需要人为地去怎么样。所以说年轻人，好好地珍惜时光，当努力时则努力，不要辜负佛陀对我们的期望！

朝山的意义

中秋节安排活动，也是给我们一个觉醒的实践机会。去瞻仰文殊菩萨，走一走祖师们朝山拜佛的路，希望有一天我们内心的文殊和外面所拜的文殊，能够合二为一。这种美好心愿的实现，就需要我们通过修行来去除习气毛病和内心的烦恼。

今天是中秋节，我们放一天假，大家可以去朝朝山，或者到附近的寺庙去拜拜佛，随意走一走。朝山拜佛是要让我们提起信心来，激励我们的心能够向于道，策励我们的行能够精进。所以任何的活动，都不是让大家放逸的，都希望能够往道上会。如儒家提倡学六艺，但前提是要"志于道，据于德，依于仁"的。

我们出家人，当然是志向于佛道的，这是我们的远大志向。但远大志向的实现，一定是从脚踏实地地做一个像样的人，做一个像样的出家人开始的。

有些同学特别仰慕弘一法师，弘一法师的行持又如何呢？他的学生评价他说：如果说他在家是一个像样的人，那么他出家就是一个像样的出家人。正因为他的这种精神，使他成了一代大德。我们既然敬仰他，就应该向他学习，做一个像样的出家人，做一名真正的佛子，这样才不辜负我们出家一回。

今天因为中秋节的因缘去朝山拜佛，如果我们真能懂得佛法，则能做到触物皆是道，望境皆是法的。中秋佳节，自然会想到一轮圆月。当初印度根据月亮的圆缺把一个月分成白月和黑月。上半月为白月，月亮从月牙儿一天天大起来，一直到十五月圆。这表示在我们的修道当中，白法善法天天在增长。下半月是黑月，月亮渐渐变小，直至看不见。这就表示白法增长了，恶法就要减退。再者，月有阴晴圆缺，表示的是无常。所以，我们天天触境见物，这一切无不是在给我们说法，无不是让我们能够早日觉醒。

中秋节安排活动，也是给我们一个觉醒的实践机会。去瞻仰文殊菩萨，走一走祖师们朝山拜佛的路，希望有一天我们内心的文殊和外面所拜的文殊，能够合二为一。这种美好心愿的实现，就需要我们通过修行来去除习气毛病和内心的烦恼。从我们的起心动念、一言一行当中来培养智慧和慈悲，最终成就如佛的智慧，如佛的慈悲，然后也能帮助众生开发他们的智慧和慈悲。

在出去之前，提醒了这么多。希望今天的活动，能给大家带来法喜。

别把佛法世俗化

不要把佛法弄得太世俗化。当然,我们昨天上课时也说了,佛也要随世俗来安立假名,那是为了让我们听明白而来度化我们。

我们要知道,佛法有它的群众性,也就是普遍性,但是我们一定不能把它世俗化。如果是为众生祈祷,我们结斋的时候所说的"所谓布施者,必获其利益。若为乐故施,后必得安乐",就是祝愿了所有的施主。现在我们已经画蛇添足了,供斋前一定要念某某的名字,这是顺应众生的执著。他们总想,我来这地方供斋,应该念念我的名字吧!

我们出家人是以慈、悲、喜、舍四等心来对待众生的。只要今天在这里有人供斋,出家人吃了,受用了这一切,那么供斋的人自然获得利益,增长自己的福报,也就是从外缘上会得到多多的帮助。比如参加考试的时候,自己至少头脑清清楚楚,不会遇到头晕等问题,或者遇到好老师,或旁边人帮忙。我说的这个帮忙不是帮你写,而是说大家可以积极地为你创造成就善愿的缘。

现在有人供斋，我们就祈愿他好愿如意，就全包括了。如果都说那么清楚，今天考公务员要考试顺利通过，明天某某求个男孩，某某求个女孩，我们是不是也太庸俗了？

念斋条的时候就只念："某某善愿成就，好愿如意。"至于求往生，为祈"某某往生西方，莲增上品"就可以了。善愿成就、好愿如意就都包括了，而其他的词就不要说了。我们结斋时念的"所谓布施者，必获其利益。若为乐故施，后必得安乐"，就为所有的斋主都祈愿了。如果再分张三李四的，出家人也跟着在这上面打转了。今天为张三求，明天为李四求，没有在这儿供斋的，我们就不为他求？这样我们的心反而会越来越狭隘了，因为我们都很清楚佛法是做什么的。

如果我们真正地为成道业，则应受此食，而成就道业就是为了广度众生。我们是出家众，在《沙弥尼五德》中说："若为护法求正觉，委弃生命也甘心。"因此，不要把佛法弄得太世俗化。当然，我们昨天上课时也说了，佛也要随世俗来安立假名，那是为了让我们听明白而来度化我们。我们在阅读大律的时候，说佛满人的愿是指满人们的清净愿[①]。

我觉得客堂要把好第一道关，僧值在读之前应该提前看好，否则一拿来就读，就会出现我刚才说的这种情况，保不准以后什么样的祈愿词都会有的。因为众生的心太执着，他会认为，只要在这儿把我这个祈愿说得清清楚楚，我就能怎么怎么样。我们知道，如果他没有那样的善根福德，愿望也是不能实现的。借助于供养三宝是让人们树立信心，聚集一定的福德因缘，事业就很容易成功。

俗话说："滴水成河，粒米成箩。"只要我们肯不断地努力，不断地积聚福报智慧资粮，那我们每天就在一点点地进步。

---

① 清净愿：清净、如法、合理的愿望。

戒香遍法界

> 旃檀多伽罗，拔悉基青莲，
> 如是诸香中，戒香为最上。
> 旃檀多伽罗，此等香甚微。
> 持戒者最上，香熏诸天间。

一滴水可以照见太阳，如果你连一个小小的威仪动作都做不好，你说你还能做些什么呢？即使你说能，那我也不敢相信。

出家人，是要有威仪幢相的。为什么叫幢相？它要立起来给人看的，要引发众生的敬仰。所以为了众生，当然也为了自己，必须把符合出家人的威仪举止都做好。一件事不用心，你件件事恐怕都不能投入的，因为你让自己有分别有拣择，这件事可以重视，那件事可以不重视。凡是出家人应该做到的事情都应该重视，一句话、一个合掌、举手投足，都要符合威仪的要求。

我以前说过，世间的军人，让他去搞内务叠被子，是想通过这件事来培养他的忍力和信心。被子四个角，一个角没弄好都要挨罚。我们现在也是这样，通过做这些事情来培养我们的意志力，看看我们有多少耐心。如果有一颗耐烦的心，天下的事没有做不成的。一遍不行两遍，两遍不行三遍，一定会成功的。

佛在《法句经》里赞叹持戒者："旃檀多伽罗，此等香甚微。"这个意思是说：世间的旃檀香和多伽罗香是非常香的，但是这些香比起戒香来太微弱了。所以佛说："持戒者最上，香熏诸天间。"只有持戒的香永远都是那样浓，它不会因为时间、空间受到阻隔，它会充满天上人间，各个诸天。人间的香是不会经久的，所以我们每个人都要真正地给自己一个锻炼。在《威仪门》里头也有明确规定：合掌要当胸，上下要适中，不能够十指参差的。这不是常住额外对你的要求，这是作为一个出家人每天都要做的事，合掌、问讯、顶礼，这是必然要会的。

如果你有更大、更远的理想，那就希望你能够珍惜一下现在，把应该做的事情做好，不要辜负佛陀对我们的期望。佛陀从来都是相信他的弟子、鼓励他的弟子和赞叹他的弟子的。只要我们能够认认真真地去做每一件事情，那么每一个人都能够把持戒的芳香散发于天上人间。

维护正法

什么是护法？我们认真地做好每一件事情，这就是在维护佛法。在做的当中善用其心，这就是在修行。

五台山普寿寺是偏向于修道的场所，但是不可忽视它的弘化作用，这种作用可能不需要去讲，但是需要如如法法[①]地去做。

现在来普寿寺参观的人也很多，我们要敞开胸怀，打开大门，让人们来了解佛教，了解普寿寺。让人们来一趟普寿寺，对佛法没有信心的生起信心来，有信心的信心增长，并且更能坚定为法、护法、住持正法的心愿。

这就需要有一个和合的僧团，而和合僧团的实现必须得从我开始，从心做起，所以要求大家一定要顾及自己的言行、威仪。虽然我们有很好的生活习惯和威仪，但这都是从平常的点滴当中养成的。我们应该按照佛的教，也就是佛制的戒律来检点我们的言行，在平时的修行当中要脚踏实地、好好用功。做任何一件事情，一定要有它的功效，不要诵了一卷经以后一无所得，上了一堂殿下来也不知念了些什么。我刚出家时,莲老法师、愿老法师常说,修行人,不能打混混。

我们出家人光阴很宝贵,一分就是一分,一秒就是一秒。所做的每一件事情,确实要成为我们了脱生死、成佛的资粮才可以的。我们培福等,无非是要借此来消除业障、去除违缘、积聚清净的资粮。也就是说,我们不能轻视所做的任何一件事情。什么是护法?我们认真地做好每一件事情,这就是在维护佛法。在做的当中善用其心,这就是在修行。希望大家能够理解我的话,给佛法做出自己的一份贡献。

---

①如如法法:符合于佛的教法。

对待越少　快乐越多

我们的苦恼常常就是产生在对待之中。当我们真正去融入的时候,就会发现对待越少,快乐就会越多。

现在各个部都在打扫卫生,在这里给大家提一个醒:无论做什么事,一定要把这颗心用上。清扫房间的同时,要想到把这颗心也打扫清净。

人很怪,同样几个人,如果大家视同陌路,不能沟通,彼此之间就会互相挑剔,就会站在一个对立面上去看别人,结果是越看越不顺眼。以前山下有五六位同学就是这样。但我这次下去后,看到大家坐在一起互相道歉、忏悔,都说以前是自己不对,让我非常感动。熏修佛法实在是太能改变人了!从她们身上我也发现,实际上每个人都在改变,而且是越变越好。

我曾经看过一本书,名叫《射艺之禅》,是讲射箭艺术中的禅道,里面的话讲得非常好。它说如果你瞄准,一心想射中靶子,就没办法把它射好,因为你和靶子是站在对立面上的。如果把能射的你和所射的物融合在一起,你就一定能射到靶心。

以前还读过禅宗里的一个故事。有个大力士，不论从他的个头还是力气来讲都是超人的，但他与人摔跤时经常失败。他想不明白，就去找一位禅师。禅师告诉他："你不要一上去就想那是对方，这是我，我要去战胜他。你要先观想自己就像是海中的大浪，能够冲倒一切。当你离开了能战胜的你和所要战胜的他时，将会是另一番境界。"

我们的苦恼常常就是产生在对待之中，当我们真正去融入的时候，就会发现对待越少，快乐就会越多。在念佛堂里念佛，也是这样。一开始有能念的我和所念的佛，渐渐地就要学会口念、耳听、心忆，真正把心和佛融为一体。就像我们吃饭一样，只有自己吃饭才能饱，真正修行也需要给自己一点时间。让我们学一点用一点，慢慢地从中去体会。学习，不是一味地要求我学了多少，学得多快，而是在学的当中要去实行。

学道之人，就是要求真，这样最终才能够契入真如本性。当我们的心契于道的时候，才能体会到真如的境界一定是出自平凡之中，是在我们的生活中一点一滴去契入的。所以不知不觉中，它会改变我们。

2008年是普寿寺成立十七年来，令我感受最深的一年。希望大家在每天的生活中学会慢慢地契入道，契入我们的心。

同学们不要每天谈玄说妙，归回来最根本的还是问一问自己：我对三宝建立起来信心没有？有没有想到三宝是我唯一的依怙？有没有想到只有三宝才能救护我？有没有对三恶道生起恐惧之心？有没有真正地相信因果？因为怕堕落三恶道，所以我们才要精进地持戒，积极向上。其实，道心很容易培养，就看我们能不能建立起正信。

保持正念

成就来自责任

如果你没有小的责任，慢慢就会放弃大的责任；你不知道"滴水之恩，涌泉相报"，就不会有大的报恩，会把一切认为是理所当然。因此，我们实在应该注重平时的点点滴滴，一言一行、起心动念。

菩提心有两种：一种是行愿菩提；一种是胜义菩提。

行愿菩提是就事上来修菩提心的。首先我们要了解众生的苦难，而且确确实实想让他们彻底从苦难中解脱出来，从内心深处发起来像佛一样的大悲心，这就是成就了愿菩提。但是，要落实在行为上，就需要我们平常所说的布施、持戒、忍辱、精进、禅定、智慧等。所以，这二者合起来才能叫作行愿菩提。

如果再深一步，可以上升到胜义菩提心。胜义菩提是通过内在的修行，直接去亲证佛所讲的般若性空的道理。行愿菩提是聚集我们的福报，胜义菩提是让我们明白真谛的道理。从中也可以看出，整个修行的道路上，最高的不能离开最低的。

大家学过菩提道次第,知道在修行上,根据个人发心的不同,也可以说是根器不同,分为上、中、下三种士夫。下士夫注重后世,知道三恶道苦,产生怖畏而努力行善;中士夫修出离心,急于个人了脱生死;上士夫更进一步,为自利利他要修成佛的法。虽然三者层次不同,但高的层次一定要有低的层次做基础,所以如果我们真正想达到最高的境界,一定不要忽视平常生活中所遇到的小事情。

我曾经说过,惭愧是一种境界,感恩也是一种境界,责任还是一种境界。一说到境界,就是在层次上又有了一个提高。我们应该做一个高层次的人,做一个具有高境界的人,而高境界是由低的境界积累而来的。

如果你没有小的责任,慢慢就会放弃大的责任;你不知道"滴水之恩,涌泉相报",就不会有大的报恩,会把一切认为是理所当然。因此,我们实在应该注重平时的点点滴滴,一言一行、起心动念。

同时我们还要善于观察,多多思惟。随着年龄的不断增长,我才慢慢地体会到,为什么说亲近善知识可以让你入道,真正地修无常观才能够让你入法。世出世间都注重尊师重道,想要修行,亲近善知识是第一要道。但是想在佛法上得到真实的受用,必须从修无常开始。所以我们学这么多,还要善于思惟,学会在思惟当中生起感恩,在思惟当中负起责任,生起惭愧心。

就我本人来说，从小就觉得死是一种恐怖，我是为了解脱这种恐怖而出家的。而现在似乎知道了一点生命的真相，希望尽自己的一点力量，能帮助别人也来参透生命的真相，这里面没有任何的我要怎么样。至于普寿寺，大也好，小也好，人多也好，人少也好，我们今天都一定要很好地安排。至于说明天怎么样，那是众生的因缘福报所决定的。因上努力，果上随缘。当我拥有了今天，一定要做我今天最应该做的，因为我实在不知道明天会怎样。

我也经常会遇到一些人邀请出国，每遇到这种情况我就在想，普寿寺这么多的人，这么大的地方，一旦出去要是遇到什么情况，我还没有把它安顿好，我现在的责任哪个重，哪个轻？如果那个地方告诉我说，非得如师父来，你不来我们就不学佛了，我可能会去。如果没有这样急迫的因缘，我觉得留在普寿寺才是我最重要的责任。

我给大家说的，都是发自我内心很恳切的话。大家要想有所成就，就从责任开始吧！从感恩开始，从惭愧开始。

善巧对治习气

佛法是心法，念念从心起，就看这个念到底是什么念了。是善念，是恶念？怎么来把握？怎么来对治？就是要来检点你的一举一动，有没有偏离佛的教。

从今天开始作盂兰盆法会，大家更要提起心念，抓紧用功。昨天我在妙吉祥寺也说，发菩提心诵经和不发菩提心诵经是有区别的，所以当你走进法堂的时候，要想到是为利益所有的法界众生来念经。每次外出看到那些受苦受难的众生，真的要生起悲悯心来。虽然我们出家人不能亲自到他们面前，一一帮助他们解决身体乃至心灵的痛苦，但是我们希望借助于佛菩萨的力量，遥遥地给予他们加持。所以，我们每位师父乃至今日没有诵经的人，都要提起正念来。

我们大家都熟悉奔贡甲的修行。他是强盗出身，但他醒悟过来之后便出家修行。他的实际修行经验就在于，他懂得了自己的缺点毛病在哪里，肯去对治。

奔贡甲有一次去应供，看到居士们在准备好吃的，都在袋子里。也是一种习气的驱使，他的贪心一下子生起来，就想去里面拿。转念一想：没告诉主人啊！但最后还是战胜不了自己：不行，我还得偷！当他把左手伸到袋子里的时候，又马上觉悟到：我是出家人，怎么还能做强盗呢？右手立刻去把左手抓住，大声喊："抓贼啊！快点抓贼啊！"

这样把人们都喊来以后，大家问："贼在哪里？"

他指着左手说："你看，就是它！"

他为什么这么做？那就是不仅自己要真正地对治，还要敢于把自性的、内心里的烦恼都表白出来，让大家帮助他来对治。所以说："诸恶莫作，众善奉行，自净其意，是诸佛教。"

大家好好地思惟思惟，如果所有的恶你都不去做，那么一切的善还不好修吗？最后才能达到自净其意的。佛法是心法，念念从心起，就看这个念到底是什么念了。是善念，是恶念？怎么来把握？怎么来对治？就是要来检点你的一举一动，有没有偏离佛的教。

戒律是用来对照的，它像一面镜子：我说的话符合不符合佛的教？我所行的事符合不符合佛的教？修行人从早晨忙到晚上，我们不做士农工商，都在做的什么？就是看护好自己的身，看护好自己的口，看护好自己的意。身口意三业，还是以心为本啊！

师父们，居士们，大家要好好地思惟，得一回人身实在不容易！遇到了佛陀这么好的教法，还是往内心里回光返照一下吧！慢慢地你就会发现：东也寻，西也寻，原来宝贝在心中。

质变离不开量的积累

每天晚上要给自己一个总结：今天我的言语行为、我的心念，有没有离开过失？如果把昨天的烦恼带到了今天，当下就要给自己呵斥的，绝对不能把它再延续到明天。

二祖雪地断臂求法，求达摩祖师给他安心，达摩祖师只是对他说："你要安心，把心拿来，我给你安！"二祖言下就悟了。我们学了很多，也可以说一直在修，为什么到现在都没有悟道呢？我们可以问问自己。其中的一个原因，如果每天只是睡好、吃好，修行上一点压力也不给自己，恐怕还差得很远。

《禅林宝训》里面有讲到，真如禅师，他睡觉的枕头是用一个圆木做的。因为圆木做的枕头又硬又圆，头一动就会滑走。当枕头一跑，他马上就起来精进用功办道。别人对他说，你这样修未免太用心了。他回答说：正因为我对般若真心没有真正地体证理解，所以才需要勤奋地来要求自己。

以往的那些有成就的修行者，也都给过我们这样的教海。能老上师的座右铭这样写道:"养生优厚,病难更多;顺境安适,般若无缘。"

当然,悟道在于心。但是我们想一想:我们为什么要来出家?因为在世间染缘易就,让自己堕落的因缘太多,所以我们来出家。尤其住在常住,不用操心,只要一心办道就行了。我们不能得证的另一个原因:我们的心用得太多了。古德一再地说要至心办道,什么叫作至心办道?我们自己可以去体会。

曾经有位大德在修证的过程当中,一开始特别喜欢学习,白天看书还不够,晚上还要点上灯来看书。他的师父就呵责他:"为什么你一直体悟不到佛法?就是用心太多。"

学,是要让我们明白怎么样来断烦恼。实际应用就要看哪部经、哪部论,或者哪句话对我对治烦恼最有用,然后就要常常思惟。或者就念一句佛号,不去打妄想,也可以的。不管用什么样的方法,我们要知道它是用来做什么的。

我们在众中修行,首先要学会克服自己,不要太爱惜这个色身。这个无常的身体终究是要坏的,四大假合而成,难免会生病。要把身体看淡一点,要学会克服身体的障碍。也许有人说:"我用的是心法,行住坐卧都可以修,只要善用其心就可以了。"但如果你连克服自己都不能,上殿站不下来,诵经不想诵,没有一点战胜自己的力量,想有所成就也是很难的。

你说以后要闭关修行，修般舟三昧等，也许你真的能行。要知道功夫是日积月累来的，正如祖师大德所说：像植物一样，如果是暴长大的，虽然长起来了，一定不会长久的。修行也是如此，需要一个量的积累，才能达到质的变化。要了生死，要成佛，实际上就是从我们的每一天开始的。

每天晚上要给自己一个总结：今天我的言语行为、我的心念，有没有离开过失？如果把昨天的烦恼带到了今天，当下就要给自己呵斥的，绝对不能把它再延续到明天。一个修行人不是无所事事，而是要每天精进地跟烦恼魔军作战，要能战胜烦恼的。

尤其我们出家人，一言一行都要做到自利利他、令法久住。所以我们每说一句话，每做一件事，都要考虑对自己有利没有，对他人有利没有。我们的言行要达到让未信的人生信，已信的人增长，让他们对佛法生起来真实不坏的信心才可以。

我们常常要给自己一个检点，珍惜每一天、每一个时刻，管好自己当下的举止行为与心念，这样我们的道业一定会有所成就的。

安住于道

看看那些祖师大德，再看看我们自己，根本的差距就是我们不能够看破放下。真正地看破放下，你就会珍惜每一寸光阴，不会让自己的心念空过。

我们出家人一定要有自信力，既然出家都能做到，还有什么困难能把我们吓倒呢？首先要有这种志向，有愿在先，行才能立的。

世上所有的事都在变化当中，人的生命也只有那么一段。不过我们知道，这一期生命的结束就意味着下一期的开始，所以我们必须得天天努力。因为一天不努力，一天就可能会出问题；今天不努力，明天就可能出问题，我们出家人都要努力不止。

我们懂得了只有成佛才能度众生，这就是我们最彻底的志向。我们发了这个大愿，在做的当中一定要完成好每一件小事，最后才有可能实现自己的大愿。

昨天给小众读《憨山大师传》，很有感触。大师小的时候，因为贪恋他的母亲，不爱学习。他妈妈逼着他学习，有一次甚至狠心地把他扔到河里。后来大师发奋学习，一天，他问妈妈："我这么苦地学习是为了什么？"

妈妈说："为了做官，从做小官到做大官。"

他说："做了大官以后怎样呢？做到多大的官？"

妈妈说："做到宰相。"

"做到宰相呢？"

妈妈说："罢了。"

他回答说："我还是要做那不罢的事，我不做这罢了的事。"

妈妈说："那你只有去当行脚僧了。"

他说："那还真好。"

后来他真的成为一位有成就的大德。所以说，世间的名利都是苦因。我们现在学佛，任何的志向，所发的每一个好愿，都能让我们进步，都是在积聚点点滴滴的善因与净因，到最后成就我们的大愿。我们应该知道反省自我，能够珍惜我们的当下。

昨天听到两位同学的对话，觉得蛮有道理的。一个是从当小众到现在还是在学习，另一个是学习不久就发心做事了。那位一直学习的同学懂得挺多，也很会做文章。但她说了一句老实话，她说："虽然你在做事，不管你懂不懂佛法的道理，但你已经在练习着断烦恼了；虽然我学了这么多的理论，但我还是纸上谈兵。"

我觉得蛮有道理的。佛法不仅仅在书本上，最主要的是我们学了以后，能否把它用在我们的生活上。我以前也告诉大家：看看那些祖师大德，再看看我们自己，根本的差距就是我们不能够看破放下。真正地看破放下，你就会珍惜每一寸光阴，不会让自己的心念空过。一定会落在一句阿弥陀佛，或者一句咒语，或者正观上，让自己的头脑任何时候都是清清楚楚的，遇到事以后都会理智地分析。修行，无非要做到能用智慧、理智战胜我们的情绪。

好多同学出家都不容易，希望大家真实地修行佛法。当我们对佛法真正有所认识的时候，就能体会到世间上最好的就是佛法，再没有比佛法更好的东西了。能够接触到佛法，是我们一生中最大的幸运和享受，那你还要找什么呢？

真信佛吗

如果你真正相信佛,那么佛让你离开五欲,你就要离开它;让你发菩提心为别人,你就要照着去做,因为你相信佛。

昨天有人问我一个问题:为什么学佛多年,仍长养不起来道心?要解决这个问题,首先我们要问一问自己:学佛多年了,我对三宝的信心真的建立起来了吗?如果真正建立起来对三宝的信心,那一定相信佛陀所说的话。

一个出家人,既为佛子,就一定要听佛的教诫,佛不让做的事情一定不做,佛让做的一定努力去做。因为他相信,听佛的话一定能了脱生死;听佛的话一定能够了知世间,不再糊涂。所以受戒以后不会轻易犯一条戒,甚至可以达到宁死不犯戒。就像沙弥尼戒里所说的:过午宁死不食。一旦业力牵引,失去正念,毁犯了戒律,她一定会生起极大的惭愧心。

如果你真正相信佛,那么佛让你离开五欲,你就要离开它;让你发菩提心为别人,你就要照着去做,因为你相信佛。我们要问问自己：我对三宝的信心有没有建立？我真的相信佛吗？

没有十足的信心就产生不了正念，没有正念就不会有智慧，没有智慧就失掉正念，没有正念的根还是没有信心。学佛多年，如果连个正见都没有，你就不会相信戒是解脱的根本。因为不相信，你就不会有智慧地取舍，不该做的你做了，该做的你不去做。没有信心就产生不了持戒的力量，没有力量持戒叫作戒羸，就是你根本不能精进了，不精进更谈不到在持戒当中能够学忍。

为什么出家受戒要能够忍辱呢？如果不能忍辱，就没有办法持戒。现在的社会，持戒要遭到很多人的非议，你就得提起正念用智慧来观照。有些人说："随大流就好，不要触恼人。"遇到这种情况，你得用智慧来衡量：持戒是触恼人吗？如果真正地持戒，龙天都会护佑你。对佛制的戒有十足的信心，才能建立起正念，才会有智慧观照，才能承受各方面对你的打击，奋起精进持守好自己所受的戒。这就是修行的根本，有此基础，就很容易趋入定当中，然后才能够用智慧去观照。

如果我们连信心都没有培养起来，看到好吃的、好看的、好穿的、好玩的，你心里能放得下吗？你连个清净的行为都没有，又怎么能够进入清净的定当中？更谈不上生起灭烦恼的智慧了，建立道心一定要经过我们的思惟。

知道了这一切，你为什么不培养自己的道心呢？连我自己都在自我检点：你真正地相信三宝了吗？你真正地相信三宝，就表明你一定相信因果。你连对自己所起的念、所说的话、所表现的行为都不负责，一个不畏惧因果的人，当然也谈不上能听佛的话去好好持戒。

　　同学们不要每天谈玄说妙，归回来最根本的还是问一问自己：我对三宝建立起来信心没有？有没有想到三宝是我唯一的依怙？有没有想到只有三宝才能救护我？有没有对三恶道生起恐惧之心？有没有真正地相信因果？因为怕堕落三恶道，所以我们才要精进地持戒，积极向上。

　　其实，道心很容易培养，就看我们能不能建立起正信。希望大家能思惟一下我刚才所说的问题，好好培养自己的道心。让我们从内心中爆发智慧，从利他中增长能量，这样我们才会有一种精神、一种力量去战胜不合理的自我，去发挥更有价值的自我，真正地不枉做一个佛弟子！

降伏自心的秘诀

佛法需要老老实实地去学、去思惟、去实行，因为修行一定是脚踏实地的自家事，别人只能启发你的信心，是没有办法代替你的。

当今时代，无论是居士，还是出家人，都能方便及时地接触到佛法，为什么在我们的生活、修行当中还会烦烦恼恼，不能够降伏自心呢？其中的原因，我觉得不是我们没有学到，而是我们没有做到。

我们诵过很多的经，要问佛法是什么时，都知道说："诸恶莫作，众善奉行，自净其意，是诸佛教。"千经万论都是这首偈的展开说明。释迦牟尼佛的略教诫也告诉了我们同样的意思："善护于口言，自净其志意，身莫作诸恶。此三业道净，能得如是行，是大仙人道。"这就是修行的方法。我们学了很多，不能从佛法当中得到受用，不能对佛法生起无比的好乐心，就是我们没有真正地去修。

一切经论，无非告诉我们怎么样来转化我们的身口意，让我们止恶向善、净化内心。佛的八万四千法门，都是为了对治我们众生的贪嗔痴烦恼。众生有多少心，佛就有多少法来教我们怎么样返妄归真，所以学佛法一定是要依之而行才能得到利益。就我本人来说，凡接触到一本经，或者善知识所讲的论，乃至普通的开示，如果觉得其中某些内容有益于对治自己的缺点毛病，我一定会把它记下来的。

昨天，我随手翻开索达吉堪布讲的《修心八颂》，里面讲到噶当派伽喀巴格西一个偶然的机会见到《修心八颂》第五首偈的后面两句："亏损自受，利益奉他。"与现在的翻译不一样，变成七言就是："亏损失败自取受，利益胜利奉献他。"他当时只看到了这两句，心里就生起了无比的信心，于是发愿一定要求得此法。

费了很多艰辛，乃至当他见到夏惹瓦格西的时候，当时夏惹瓦格西尊者正在绕塔，他虔诚地上去请问道："您听说过朗日塘巴尊者的《修心八颂》没有？"格西回答说："我一生都是在修持《修心八颂》。不想成佛也就罢了，如果你要成佛，就是这个。"他立刻跪下请求说："您能不能传授与我？"夏惹瓦格西说："你得一辈子追随我，我才能传授。"

我们想想：一个《修心八颂》，只不过很简单的八首偈，为什么要他学一辈子？实际的情况，他学了六年。六年啊！什么都没学，就修这个《修心八颂》。索达吉堪布说，现在的人不要说六年，就是六天，他都会问："六天就这个?"

从中就可以知道,我们在修学当中的缺点毛病在哪儿。正如藕益大师所说:末法时代的众生,什么都要最高的、最广的、最好的,但到实际用功上就不谈了。

佛法需要老老实实地去学、去思惟、去实行。因为修行一定是脚踏实地的自家事,别人只能启发你的信心,是没有办法代替你的。

不管学什么,一定要通过闻思修加以消化。《无常经》里佛告诉我们:"世间有三种法,实不可爱,实不光泽,实不可念,实不称意。何者为三?谓老、病、死。"我们通过思惟以后,就能把它归到三主要道里面,无非要让我们生起来出离心。而训练菩提心的方便,一定要有大悲心,"慈心具足为人,悲愿无穷度生"。

至于我们平时说参访善知识,弘老和尚曾经说过:你走到这个寺庙请求善知识开示,这位善知识就说:"诸恶莫作,众善奉行,自净其意,是诸佛教。"你欢喜顶戴,再去另一个地方参学。那位善知识还是说:"诸恶莫作,众善奉行,自净其意,是诸佛教。"当你亲近每一位善知识,听到的都是同样的话,但你心里能生起不同的觉受,那你是在真参学,在真修行。

我们每天重复地诵经做功课,如果天天觉受不同,你是在修行了。如果今天上殿,明天上殿,不是昏沉就是掉举,你没有在修行。

我们对《吉祥经》非常熟悉,经里说:"恭敬与谦让,知足并感恩。"这是佛给我们的教授,但是你修了吗?什么叫作恭敬?什么叫作谦让?什么叫作知足?什么叫作感恩?如果真实地修过,你的身心一定会有所改变。你给人讲,给人的感觉也会不同。反之,如果不是你真实的感受,那就只是一句话而已了。所以任何的佛法,都是让我们自己去修的,都是度我们过生死大河的船。

大家有缘来到五台山,能够离开名利的诱惑,相信我们都能真心实意、老老实实地修一回。

学佛要明白什么

修行其实很简单,你只要能放下自我去为他人,你就能够增进;如果总是想着为自己,你就在损害自己。不要总觉得为别人做点事是吃亏的,实际吃亏就是占便宜。

我们学那么多的大经大论,是要弄清楚一点:当我们真心去为别人的时候才能得到。如果你怀着虚伪心、狡诈心去算计别人,最后你一定是得到伤害,这个是肯定的。

今天小班同学问我什么叫"通身放下",很简单,就是把"我"彻底地放下。每天障碍我们了生死的不就是我执①?如果你能把"我"放下,看看情况又是怎样。你有"我"的话,就有所对立的:你对不起我,你伤害了我……如果没有这个"我",哪有这些相对的东西?

佛法为什么是不二法门?没有"能",没有"所",离开了"能""所"以后,你看看又是个什么?当你有一个"我",肯定就有一个"他",这样就形成对立了。在一起相处,"他对不起我,麻烦死了……"你总是在这个当中。若没有我，随缘就做了。六祖大师捣米的时候，为什么不会累？由此就能知道他是用的什么心。

修行其实很简单，你只要能放下自我去为他人，你就能够增进；如果总是想着为自己，你就在损害自己。不要总觉得为别人做点事是吃亏的，实际吃亏就是占便宜。很简单的事情，我们就是翻不过来，所以总是为自己打算，我要怎么怎么样。

如果用教理去讲，我执是怎样产生的？因为有身嘛！有了这个身体以后，就执着于这是我了，于是一切罪过就开始出生了。我们现在要破除对色身的执着，首先要破除"我"，"我"就是障碍我们了生死的烦恼。你替自己打算，烦恼接着就来了。如果天天去为别人打算，一定很少说："唉呀，烦恼死了！"因为每天都想着为别人做什么，自己顾不上自己了。

我们想要成佛，所以才会努力去做一些事情。心、佛、众生三无差别，那是理性的东西。佛为什么要有应化身？因为要和众生结缘就需要有个相，没有相怎么去度他？法身是没办法去度众生的，所以我们才要积聚善法，成就报身。你的智慧福报圆满了，就可以运用智慧慈悲，去度和你有缘的众生。与你有缘的众生都是你要度的，与你无缘的众生那就留给别人去度了，所以谁的众生都是度不完的。

大家谈了半天教育，想要这样的教育，那样的教育，就是没有去实践以戒律为根本的教育。《四分律》里说：持戒能够知惭愧，乐学戒，行头陀。实际这几句话就够我们修行了。一个知道惭愧的人，一定能反省自己。只要会反省，就能改正错误。能改正错误，就能少欲知足，行头陀行。什么都是多余的，吃饱肚子就好，衣服有穿就行。离开世间的男女贪欲，离开对衣食的贪著，修行能不成就？就这一句话，我们修就好了。

真正地少欲知足，我们知足了多少？真正地放下，我们放下了多少？不改习气毛病，都是自己哄自己。一天说我要修行，你修了个啥？要改习气毛病，平常的训练很重要，而持戒就是让你放下这些的。当你知道了自己的缺点，你改吧，改一点你成就一点。

我们说佛太伟大了，对于理论，什么样的人都能去谈。但是切实的修行，却强调一定要从戒开始的。这才能认识到戒定慧三学，为什么要以戒为根本。这个道理，也是这么多年一点一点才知道的。所以我们要真正地体会佛制戒的悲心，以戒为基础，好好修行。

---

①我执：执着有实我之意。又作人执、生执。即不知众生之体原由五蕴假和合所成，而妄执实有主宰作用的个我。——《中华佛教百科全书》

用智慧指导人生

在生活当中,最主要的观念建立起来,就是不要忘记了这个世界是苦空无常的。

茶话会的时候,我给大家说了一首偈:"一杯清茶明心性,禅茶一味话人生。苦空无常善用心,念念佛道人中成。"虽然只有短短的四句话,其中的意义还是蛮深的。

一杯清茶是事,明心性是理,心性指心的本体。我们流转生死,就是因为迷失了本来的妙明真性,误认为打妄想的心就是我,所以一天我要这样,我要那样,不知出离。然而,妄心虽然导致我们流转生死,但是若能利用这颗妄心来发愿成佛,就能成佛。

《华严经》中说:"若人欲了知,三世一切佛,应观法界性,一切唯心造。"对于这首偈,我们千万不能误会其中的意思。正如有人对我说:"佛法讲唯心,你变个马,变个牛给我看看。"实际上他不懂,他把"唯心造",理解成"唯心变"了。唯心造的意思是说,心造作什么,相应地就会成什么。所以一念心可以包罗十法界。一念佛心,就是佛；一念地狱、饿鬼、畜生的心，当下就是三恶道。

理解了心的道理，当我们举起这杯清茶，是否应该真正地来了解一下，我们的修行究竟是要修什么。

接下来，第二句"禅茶一味话人生"。禅，我们一听到这个字眼，很自然地就会想到禅宗。实际禅的本义是静虑、思惟，要正思惟，所以禅是贯穿于生活中一切时、一切处的。正如古大德所说："行也禅，坐也禅，行住坐卧体安然。"

如果是打坐参禅，一定要学会怎么样止、怎么样观，也就是把心定于一处，而且还要用智去观照，心中历历分明。否则有止无观，纯粹落入一种无记的状态。什么都不想，就像一潭死水，这不是真正的修行，而且这种坐法也很容易出毛病的。

至于在平常的生活当中，说话也好，做事也好，都要对自己的所做清楚明了，让心住在清净明朗当中，而又不被外境所转。因为我们只是借助于外境来开发我们内在的心的本体，也就是来开发我们本有的妙明真性，所以一切时处都可以来锻炼这颗心。

当我们理越明、智慧越大的时候，事就会越清楚，就会越加珍惜缘起，在事上清清楚楚、分分明明、一丝不爽地将我们的修道人生做好。因此我们的生活，要用佛法高深的道理来指导，让点点滴滴都住于道中。

当你珍惜生命的时候，就应该珍惜你的生活，珍惜生活就不应该放弃你的点点滴滴，否则事和理分开，就不能得到全部的受用。也就是说，理不结合于事，就成了空洞的理，便不能产生它的作用。

在生活当中，最主要的观念建立起来，就是不要忘记了这个世界是苦空无常的。所以第三句"苦空无常善用心"，是说要好好地用心去思惟，善用我们的这颗心。

第四句，念念佛道人中成。堕落到恶道的众生没有机会遇到善知识、听闻佛法。再者，它们所受的痛苦，也容不得它们来修行。而天人又贪图享乐，阿修罗不是修道的法器，所以佛要示现在人中成佛。

做一个人是最能把握成佛机会的。既然我们得到了宝贵的人身，又有这么好的机会来修行，让我们从理事结合做起，慢慢地上升到理事无碍，在生活当中念念成于佛道吧！

谈谈修行体会

　　修行用心特别重要。凡夫的修行需要后念对治前念，前念起贪嗔痴的心，后念就要用佛法来对治它。生烦恼者，自缚自害。不管你会不会修行，每天先生一个欢喜心：我好乐佛法，哎呀，佛法实在太好了！我保证你因为这个欢喜心，绝对不会堕落。

　　我从小就有很多的疑问，也喜欢问。长大以后去读书，老师那儿一讲完课，我肯定要举手来提问的。我记得那会儿问了好多问题，老师回答得最多的一句话就是："你先背吧，背会了以后，多读多念，慢慢就懂了。"

　　那时候不明白老师的意思，现在我觉得这句话很有道理。实际好多的东西，在当下学的时候都不懂，但通过慢慢地久久地学习，就懂了。以前看过或背过的东西，有时候一遇境，它自己就跑出来了。

　　有天走到长廊前面，看到空中一朵一朵的白云，不由得想起来小时候有幅图画，画的是天上的白云和地上的羊群，乍看很难分别。这时联想起来上学时学过的"天苍苍，野茫茫，风吹草低见牛羊"的词句来。

我这才知道我们为什么要天天学习佛法，就是通过不断的熏习来训练我们这颗心。我们念《净行品》，为什么让你见到什么都要念"当愿众生，当愿众生"？"若见花开，当愿众生，神通等法，如华开敷。"我们凡夫的习气，一看到花首先想到：唉呀，真漂亮！我爱这一朵，我爱那一朵……但是如果你背会了这首偈子，你就会念诵这首偈子的。

那天我对居士们说："你们上升楼阁的时候，如果是电梯，你只要一进电梯，就要念：'上升楼阁，当愿众生，升正法楼，彻见一切。'如果要爬楼梯，也先念这首偈，然后一步一步随着念阿弥陀佛，阿弥陀佛……"现在有些老人家为了锻炼身体故意不坐电梯，没学佛法之前只是想，我每天上下楼梯就把身体锻炼好了，但心里不得自在。现在学佛了，把这首偈子一念，接着就念阿弥陀佛，阿弥陀佛……不仅身舒服，心也非常地舒服。

修行用心特别重要。凡夫的修行需要后念对治前念，前念起贪嗔痴的心，后念就要用佛法来对治它。如果你天天去背那些偈子啊，经文啊，会觉得不方便，所以我们就用一句阿弥陀佛来训练，来对治这颗心。生活当中处处有佛法，但是一开始必须要用心。起烦恼的时候，就要用所学的法来对治。

以前跟大家说过，我每天晚上都要忏悔的：今天所做的一切恶，有知无知，有意无意，自己忏悔，代一切众生忏悔。"往昔所造诸恶业，皆由无始贪嗔痴，从身语意之所生，一切我今皆忏悔。"觉得还不够，接着念："往昔由无智慧力，所造极恶五无间，诵此普贤大愿王，一念速疾皆消灭。"我相信佛的话："一念速疾皆消灭。"就这一念当中可以让自己成佛，也可以让自己堕落，每天依靠这种力量来不断地更新、完成自我的修行。

其实说到修行，我是最不修行的。和大家比起来，我真的很惭愧，也发自内心地谦下，发自内心感恩大家。从我的内心里，真的不忍心伤害每一个众生。尽管现在还做得不好，但是一旦批评了人以后，都会惭愧半天，觉得很懊恼。我跟自己说："后悔是不可以的。"为什么？过去的已经过去了，最主要的是以后要记住，不可以随便地去骂人。

修行在于改变自己。拜佛念经是改变自己的一种方便，我觉得也是一种享受。如果你真正能够用上心，正如一些大德说的："不仅仅是一种普通的享受，而是高级的享受。"

世间的书开卷有益，佛法的书更是不可说了，你去读每一句话，都能从里面出生无量的义。这个时候才能体会到《普贤行愿品》里说的："尔时，普贤菩萨摩诃萨，称叹如来胜功德已，告诸菩萨及善财言，善男子，如来功德，假使十方一切诸佛，经不可说不可说佛刹极微尘数劫，相续演说，不可穷尽……"你看，十方三世这么多的佛，无论多长时间都没办法把佛的功德说尽，佛实在是太伟大了！"伟大"这个字眼儿，还不能来形容佛的功德，更说明它是不可说、不可说、不可思、不可议的。

这么好的佛法，我们为什么还要闹烦恼呢？所以，生烦恼者，自缚自害。不管你会不会修行，每天先生一个欢喜心：我好乐佛法，哎呀，佛法实在太好了！我保证你因为这个欢喜心，绝对不会堕落。假如你每天都是这样：哎呀，愁死我了！哎呀，看到这个也不顺眼，又让我做这个了……什么事情你都排斥，心里头和一切都是作对的，尽管你把门关住读经拜佛，也很难超生。所以临命终的那一念实在需要我们平常来锻炼，一定不要一开始就想着：我就一个人去修吧！实在需要在大众当中互相碰撞、互相磨炼。

有些同学问我："师父，怎么看见你总是高高兴兴的？"我是高高兴兴的，没有什么让我不高兴的。但是我有种特性，我不怕困难，而且我要是没有违缘，就很害怕的。为什么？害怕自己生出骄恣的心。我觉得种种的不如意都是警觉自己的：你还很差，福报不够，业障深重……

希望大家不要只求顺缘，还要求点违缘，多受点打击，打击受够了就会想到"知苦思断集，慕灭来修道"的。大家能体会就好了。

培养道德

为什么佛是一切智者呢？因为佛在六道里什么都当过，什么都经历过。他知道什么样的烦恼用什么样的方法可以对治，什么样的问题用什么样的方法可以来解决，所以他才成为一切智者。

我们每天都在学习，无论世间法也好，还是出世间法也好，我觉得学习的同时，重要的是培养我们做人的道德品质。从整个社会乃至全世界来看，物质文明的发展，从某种意义上来讲不能代表社会的进步。如果没有道德品质，那么科学越发达，就越有可能做出损害人类的事情。

今天我们出家了，可以说很幸运，因为我们没有必要去经历那些阿谀奉承、勾心斗角的事情，可以专心地在一个很好的环境里培养自己的品质。当你有一天出去，向社会弘化的时候，那时你就是一个受人尊重、令人敬仰的人，而不仅仅是一个让人羡慕的、很有知识和才华的法师。

为什么我要说这些呢？因为昨天我收到一位同学的来信，写了六七页，叙述她在这里住了很多年，回去以后受到大家的推崇，领导寺里的师父们学习修行。她先是教小众来学《威仪门》，她说真正在普寿寺的时候，自己都没有好好地看过《威仪门》，现在轮到自己给别人讲了，才开始找出来学习。看了以后才发现，原来学了那么多年，竟然连《威仪门》里面所说的最基本的都没做到。所以她来信告诉我，非常后悔自己没有好好珍惜在这里学习的机会。

我说这件事，也是给大家一个提醒。我们来到这里，不管是计划住三年也好、五年也好、十年也罢，一定要安住于本位。如果是自修的话，那就是在寂静中跟着智慧走，该怎么样我就怎么样，这就是个好修行人；如果是知事，就要热心于自己的工作，一定要把自己的本职工作做好；你当学生，就要守好规矩，该干什么就干什么。首先要从我们日常生活的琐碎事中，来培养和修正我们的道德品质。

所以，无论做什么事情，都是要借助于这件事来修行的。等你什么事情都经历过了，到那时你再去闭关修行，你就可以看到结果了。为什么佛是一切智者呢？因为佛在六道里什么都当过，什么都经历过。他知道什么样的烦恼用什么样的方法可以对治，什么样的问题用什么样的方法可以来解决，所以他才成为一切智者。

所以，理和事一定要弄清楚。理是可以圆融的，但事一定是做一件懂一件。即使你证了阿罗汉果,不学英语,英语也是不会说的,只是你学起来比我们一般人要快一些了。希望我们在座的每一位,都能给自己争取一个锻炼的机会。

练习内观

其实不管用什么样的方法,都是要来清净我们这颗心。首先,要学会让心安住,然后再去观照。如果上升到大乘的空观,直截了当,是要能做到"知幻即离"的。

很早以前,常常听人们说到内观禅。佛教修行的方法很多,我觉得不管用什么样的方法都不重要,最重要的是,我们要知道用这样的方法是为了达到什么样的目的。

大家应该记得,有位捷克斯洛伐克的性空长老对内观禅很有研究,他曾经来过这里,也给我们做过开示。有一次他和大家一起走,旁边的人突然喊起来:"啊!看,那边云来了,多漂亮!"大家吵吵嚷嚷地说个不停。但是看他呢,是那么平静,那么专注,没有被外界这一切搅乱。我觉得这是一种修行的功夫,是需要长时间的训练才能达到的功夫。

内观禅的修法一般需要专门的训练,同时也要在生活当中学会观照自己。比如说,瞌睡昏沉了,要清清楚楚地知道自己昏沉了,现在眼皮垂下来了;醒来了,清楚地知道自己清醒了，眼皮睁开了。走路的时候，如果走得快，把意念放在抬起的左脚、右脚上；走得缓慢，就观照脚的抬起与落下；如果再缓慢呢，就注意抬起脚，先迈进，再落下。这样来训练我们这颗心，让心常住在一种明净当中，这种观照方法和阿罗汉果证得的无生是相应的。

当然，对于修内观禅，我只是一种表面的了解。但我在通过比较以后就觉得，念佛、忆佛可能对我们更有效、更直截了当。

如果我们在一切时都能够把这句阿弥陀佛贯穿在行住坐卧当中，也就是所谓的内观禅的念佛方法，效果会更好一些。比如走路时要随时提醒自己：现在在走路了，迈右脚时念"阿弥"，迈左脚时念"陀佛"，让自己安住在正念当中。乃至睡下的时候，也是清清楚楚地知道自己睡下了，心里还是念阿弥陀佛。

初来普寿寺的时候，我是黑夜都不开灯的。为啥呢？就是为了要静坐。但以后事情太多了，一忙起来真的还是会感到累的，累过头了以后去打坐就很难进入。所以我就改用内观的这种念佛方法，我随时提醒自己要学会去念佛、忆佛，让佛号住在自己的心里，和佛同在。经过一段时间的练习以后，自己随时都可以提起来正念，乃至走路、坐下、睡下都能清清楚楚地知道念阿弥陀佛。这样虽然睡眠减少了，但心却慢慢变得特别清明。

再一个就是，有嘴巴不要说是非；有心，去忆佛，不要去打那些坏妄想；身呢？要去积极地投入利生的事业中去。这也是一种助缘。这是我个人修行的一点体会，供大家作一个参考。

有时我就想：佛法那么好，为什么我们还是烦烦恼恼啊？根本原因就是我们不懂得通过学习、上殿要达到什么目的。其实不管用什么样的方法，都是要来清净我们这颗心。首先，要学会让心安住，然后再去观照。如果上升到大乘的空观，直截了当，是要能做到"知幻即离"的。如果你不能离的话，就说明你还是没有真知道。

我们通过慢慢的训练，虽不能让这颗心时时刻刻都住在明净当中，但至少能感觉到自己很惭愧。值得庆幸的是，我们虽然生逢末法，但还是有福报能了解到大乘的教义，又能从根本上来学习佛对我们出家人的这种教育。我相信通过佛陀的加持力和我们自身的意志力，我们一定会发生质的改变。

把握当下一念

希望大家不要在吃饭穿衣等生活之外,再去找一个成佛的法,再给自己找一个训练的基地,那恐怕就大错特错了。从你当下的每一个行为、每一句话、每一个心念做起,这样很快就会有进步的。

说到修行,在最初的时候,需要很多的外缘和很多的方法来调教我们这颗心。最后当你懂得应该如何去料理当下这一念心的时候,你会发现原来修行就是这么简单,修行就在当下的一念,只是看你自己怎么样来把握。

这几天和大家一起上课、念佛,觉得自己一点一点地进入了,感觉也是蛮幸福的。从表面上看,一句佛号挺简单的,但是细细地去品味,也实在是一种享受。

如果用四念处去观照,你可以从身体的抬腿放腿上用心来感受,然后再从法上去观照:外面的人走过来了,又走过去了。或者是有什么就观照什么,让自己安住在空性当中。一切的事物都让它自然地流动,以此来观照心的无常。

所以说修学佛法到了一定的程度，我想你一定会崇尚简单、单纯。一个修行者，心里越复杂越难修，越难进入。而越单纯反而越好修，所以修行并不是一件难事。

我们有些同学可能跑到某些地方去参学，得了一个法就积极地来修这个法。如果再得个法，就又赶快去修那个法。如果用更高一点的眼光来看，也就知道他的层次很有限。修行有了一定深入的功夫时，就会明白万法没有离开自己这一念心，每一种法都好，都是让我们解脱的。

这样，当你念佛的时候，就不会羡慕持咒；持咒的时候，也不会羡慕念佛。因为知道不管用什么样的方法，最重要的是转化我们自己。粗的，要能转化我们的身口；细的，要能转化我们的心。而这颗念念生灭的心，在什么时候才能转呢？就在一念之间。所以佛才告诉我们世界上什么最快，心念最快。当你不善用其心的时候，一念一念就那样地过去了，善过去了，恶过去了，无记的念也过去了，这样你就会丧失很多用功的好时候。所以，要学会安住自己这颗心，让自己的心住在不躁不动当中，然后去观照。慢慢做到把握住当下的一念，天天来净化自我。我们知道了修行的方法，一定要靠自己亲自去行持，才能给自己带来真实的利益。

还有一点，就是修行的前方便一定要做好，要学会做人。一个连人都不会做的人，又怎么能做出家人呢？太虚大师曾说过:"仰止唯佛陀,完成在人格。"又说人道未成,焉知佛道?所以一定要学会把人做好。这不是说说而已,需要我们去思惟,在生活当中活学活用。

至少我们要知因识果,知道自己每做一件事,相应地都会有个结果。所以更应该好好训练因地的发心,好好善用自己这颗心。让你干什么,首先要把态度端正起来,然后认真去做,这个本身也是在修行。

我希望大家不要在吃饭穿衣等生活之外,再去找一个成佛的法,再给自己找一个训练的基地,那恐怕就大错特错了。从你当下的每一个行为、每一句话、每一个心念做起,这样很快就会有进步的。

持戒与用心

作为一个修行人,就是要用佛法把自己培养得坦坦荡荡,让人一看就觉得你外清纯,内透澈,里外如一。

我们天天要发好愿,要发成佛的大愿,而在成就大愿的过程当中,持戒是根本。

我在阅读一些尊者传记的时候,会特别地去注意这一点。既然佛说持戒是根本,那看看祖师大德是不是这样去做的。我发现不管是显教的,密教的,越是成就大的人,他对戒律的研习越是深入。

显教我们都比较了解,你看密教的,比如阿底峡尊者、宗喀巴大师、世亲菩萨、无着菩萨,乃至世亲菩萨四圣弟子当中的圣解脱军,这些尊者出家以后,都是深研声闻戒,不仅深研,而且条条持守。所以,我们修学佛法千万不要离开根本,一定要把我们的基础打得结结实实的。所谓的结实,就是学了以后一定要去思惟、去用的。我们现在持戒的条件这么好,持什么戒都是可以的。

随着普寿寺修建的完善,我们很多具体的事项都会进入现代化的管理当中。有些人就说:"我们不要这么好,我们就是要去吃苦的。"吃苦是应该的,但是不行无益的苦行。条件好一些,是为了使身体等各个方面更有利于我们修道。少事少累嘛,没有那么多的事情做了,一心精进地投入修道不是更好吗?

我们知道天须菩提,佛最初度他的时候,给他王宫里的享受待遇,他都能够悟道。所以说悟道是在心,要从我们的心里面来认识什么是道,怎样去修。如果我们能在心上用功,一切都能够融于道中。于道有得,这才能称之为"德"的。接着就要现身于行。一个出家人,他的行为如何,也就知道他于道得到了多少。所以,我们同学都要掰住指头好好地算算账,要把它弄清楚。不要一天分别我修显呀、修密呀、坐禅呀、内观呀种种。不管修什么都离不开戒,也离不开这颗心的。

我们一定要珍惜每一天,反观于内心,真正地学一点用一点。我们现在是天天研习,但六祖大师不识字也不读书,他为什么可以开悟呢?所以修行应该向内心求。众生在修行当中,常常把烦恼乃至罪恶的念头都压在心里不肯发露出来,不肯找办法去解决。积压久了以后,爆发出来的东西就是那些所谓的幻境,又是魔来了,这来了,那来了。所以种种的魔境现前,都没有离开自己的心。

作为一个修行人,就是要用佛法把自己培养得坦坦荡荡，让人一看就觉得你外清纯，内透澈，里外如一。为什么有些修行人，就像梦老，到九十多岁了，还是那么天真烂漫？因为在佛性上面没有那么多七七八八的东西，所以我们的心地越纯净越好。

烦恼是自找的，感招的魔境也是自找的。让我们以持戒为根本，好好地善用其心，久久地自然身心清净，成佛的大愿也一定能早日成满！

修行需从点滴做起

我们是出家人,每个人都有远大的志向,但实在也需要一个培养的过程,就是要从点点滴滴上来培养。

作为一个修行人,当我们每天醒来的时候,总是要计划一下,今天和昨天相比,应该有什么样的进步。如果我们能去读读古来大德们的传记就会发现:古来的成就者,虽然他们的成就是辉煌的,事业是伟大的,但回过头来看看他们的成长历程,实在是很平凡的。也就是说,修行是从生活中的点点滴滴做起来的。

我们是出家人,每个人都有远大的志向,但实在也需要一个培养的过程,就是要从点点滴滴上来培养。一件事情可能没有什么大的妨碍,但是透过这件平凡的小事,常常会反映出你内在的心念,你处世的态度。

有的人很羡慕普寿寺,想知道普寿寺的道风是怎样树立起来的。其实很简单,就是从每天的诵经、念佛、上课中慢慢熏习出来的。至于我们个人,要怎样于道有得呢?这就要建立在平常的一言一行、一点一滴当中。

我们在这里锻炼，无非就是学习放下小我，融入到大我当中去。我们每个人必须对自己充满信心：我一定能学好，因为我已经发誓要常随佛学。在生活当中，就要从点滴的改变做起。如果你放弃了点点滴滴，就不会像黄河、长江这样地澎湃，因为长江乃至大海也都是一滴水一滴水汇集起来的。

佛曾经教导我们说：每一个出家人就像大海中的一滴水，只有放到僧海当中，才不会干涸。大家会集到一起成就了僧团，僧团又来成就培养我们每一个人。所以年轻的时候不妨多吃一点苦，多经受一点磨炼，任何的成功都有一个过程。

昨天有一位师父说，她的愿望是以后做僧众的教育工作，当一个世出世间法都精通的法师。我告诉她："如果你真正地想当僧教育家，必须先从僧中的点滴开始做起，这样你的成长历程就积累了将来办僧教育的经验。"

我们天天地这样度过，看上去很平淡，实际只要你留心于你所见到的，所学到的，你一定会积累很多的经验。希望我们每位都各自珍重！

不要想着自己的时间还很多

彼人不了悟,我等将毁灭。

若彼等知此,则争论自息。

讲一个我们比丘尼师父们非常熟悉的故事。

佛在世的时候,拘睒弥国的比丘们因为一些小小的问题引起争论,分成二部争吵不休。佛亲自去劝解,他们也不肯放弃自己的知见,仍然争吵,佛只好离开了拘睒弥国。

佛陀走后,因为比丘们的争吵,居士们对他们失去了信心,断了他们的利养,不再供养他们了。他们只得去找佛陀求忏悔,表示愿意和合,请佛陀再回到拘睒弥国来。佛接受了他们的忏悔,并且在众中作了开示,大意是说:只要大家能认识到我们的生命不是永恒的,每个人都会死,争论自然就止息了。

从佛陀的开示里面,我们也应该有所觉悟:修行的根本一定是建立在能够了悟死亡,不被暂时生的假相迷惑的基础上。

我们常常认为我还会活很久,至少不会在近十年、二十年内就死去，所以我需要多多地储备。真是这样吗？最近我从报纸上看到，某个相声演员不到六十岁就去世了，留下了几千万元的遗产。因为他没有想到自己这么快就会死去，所以连个遗嘱都没有写，眷属难免在遗产上又会有一些纷争。

真正的修行要能够看透无常、了解死亡，这是我们必须面对而且时刻也逃脱不了的，不要想着自己还有很多的时间。

作为一个出家人，我们放弃了世间上的一切名誉、地位和工作来出家修行，只有修行才是我们要做的。如果出家不能好好地修行，就失去了出家的意义。而修行又必须从知道无常开始，这样才有放下名利乃至放下和人计较是非的心。

佛在《法句经》里说："彼人不了悟，我等将毁灭。若彼等知此，则争论自息。"

这就是说，一个人若能了悟我决定会死，只是死的时间没有确定，而且又能够观照到如果没有解脱仍然会受轮回的苦，自然就会与人无争，提起修道的心来。

我们现在还很年轻，就以为青春会常驻；由于我们还很健康，就不会想到自己也会得病。我们都因为暂时的拥有而忽视了透过一切的现象，去了解它的本质。

佛在《无常经》中说到，佛出现于世间就是为了告诉我们老、病、死这三法不可爱、不光泽、不可念、不称意的。谁愿意拥有老病死呢？谁也不愿意。但是它们必然会找到你。所以，当我们很健康的时候，要想到我也会生病，也会老，也会死的。不要被我活着的今天迷惑，而应该觉悟今天才是我真正修行的好机会。

那怎样来修行呢？对一名初学者来说，早晨一觉醒来发现自己还活着，应心生感恩，然后如如法法地上殿、过堂、诵经、上课。在这过程当中来检点自己的行为和心念，看看我现在的这颗心有没有被外境牵引、诱惑。

古大德常讲修行人"三常不足"，要少睡、少吃、少穿，因为多多的需求都是长养爱欲的方便。我们每天前后夜修行，中夜狮子卧，只是让身体得到恢复，不让它久久地睡。世间人，他们在漫漫长夜当中，因为吃饱、睡足、穿暖，所以贪欲的心很容易生起。

我们的修行生活不是无益的苦行，而是以这样的方法慢慢来改变调整自己，让我们能够清心寡欲，放下颠倒执着。记得阿姜查尊者说过，在他住的那个寺庙——巴蓬寺，大会堂里挂了一具人的整体骷髅，有些信徒去了看到以后，吓得马上转身就走。尊者就说："人很可怜，每天都是向外看，向外求，从来都没有很好地认识自己。"我们来看看这个身体，无非毛发、皮肤、骨骼等组成，我们哪天离开过这具骷髅？但是人都不向内里来了解一下自己，所以他觉得很可怜。

　　有时我会想，同学们还很年轻，精力旺盛，就会想到我的前途，我的这样，我的那样。但有没有更多地考虑到，应该把握住每一个当下努力地修行？因为不真实地修行，我们会失去一切，将是一个没有用的人。当个工人还能做工，当个农民还能种田，有能力的话还可以供养别人，而一个修行者接受着四事的供养，如果不修行，我们拿什么供养众生？

　　所以，希望大家能够真正地观照生死无常，看破，放下，以真实的修行来报答四恩！

念死也是一种智慧

实际谁也不能预料明天会发生什么，所以佛说每天念于死并不是让人放弃现前，而是告诫自己：正因为会死才更应该珍惜现前，要尽到现前应该尽的责任。

佛在《法句经》里这样教导我们：一个有智慧的人，能每天念于死的人，他是不会放逸的。一个能常念死的人，他的心胸可以变得开朗豁达。就像用动物皮做的皮包，它淋雨以后会变得更加柔软。

我们总是想在生活之外还有一个要修的，实际佛法的觉性时时刻刻蕴含在我们的生活当中。佛法浩瀚，反过头来都是要解决我们的生死问题。不管长说短说，大说小说，都是让我们放下对五欲的贪著。

曾经有一个故事：有一个出家人，他希望能得到一顶袈裟，正好有信士供养了他一顶，质地比较粗糙，是不太好的袈裟。他路过家门时，就让他的姐姐把这顶袈裟重新捣制①了一番，成了一顶比较好的袈裟。他本来是个很用功的人，但是看到姐姐重新改制的这顶袈裟后，就生贪著心了，对这顶袈裟特别喜欢。

就在他得到这顶袈裟的当天，他死去了，当下就转成了一个跳蚤，趴在了他的袈裟上。大众僧要分亡人物的时候，佛制止大家说："你们不要分，你们有没有听见有人在喊叫说不要动他的袈裟？"当然人们听不到了。佛就讲，某某人因为贪著袈裟的缘故，现在变成一只跳蚤趴在了这顶袈裟上。大家不要动，各自回去，七天以后再来分这顶袈裟。

我们知道，跳蚤的生命也只有七天。本来，按他平常的修行，完全可以走向解脱，但是因为贪著袈裟的缘故，他只获得了升天的果报。佛告诉大家，如果那天大家去动了那顶袈裟，修行者去护他的袈裟，一念的嗔心起来，必定要堕落地狱的。由于他平常所积聚的善业，他得以升天。

这个故事告诉我们，应该念无常。一顶非常喜爱的袈裟，上午得到，晚上他就往生了，所以佛才说：一个有智慧的人，他如果能天天都念着无常，他还能贪著那件东西吗？一切有形的，我们都带不去的。

以前上课时问小朋友们世上什么寿命最长，回答说是乌龟等。其实，只要是有形的，他的生命都是有限的。只有真正的智慧，寿命才是无限的。我们在生死轮回里，这一期的业报是生命体上的一个现象，我们不应对它产生任何的贪著,也不能贪著身外的一切东西。既然是身外的,一定是带不走的。所以,陪伴我们的只有很好地修道,智慧可以陪伴我们,解脱可以陪伴我们。

我们大家借助给老师父助念往生,应该生感恩心。为别人助念,实际正是提醒自己。面临着一个将要死亡的人,我们的心情又该如何?"若见他人死,我心急如火。不是急他人,眼看轮到我。"

虽然我们常常念这首偈,但是有没有生起来迫切感呢?实际谁也不能预料明天会发生什么,所以佛说每天念于死并不是让人放弃现前,而是告诫自己:正因为会死才更应该珍惜现前,要尽到现前应该尽的责任。念死,是让我们学会理智地去面对;念死,是更应该知道珍惜自己的当下。

助念时应注意,大家的心不要急、不要躁。如果对方真能放下,他的心一定无牵无挂,他会什么都清楚的。我们也会看到,死亡的那一刻,一个人要经历四大分离的痛苦。老师父就说:"以前说四大分离,只是在书上看到的,现在我体验到了。"而且你看老师父的信心,这也是常人难比的。愿老法师往生的时候,我们也是助念,前后念了九天。那时候北京黄念祖老居士还活着,他说:"给别人助念往生,正是给自己积聚往生的资粮。"所以,助念也是难得的机会。

如果对于生活中的每件事都能够生起觉照来,那我们事事都在修行。通过助念，让我们更加珍惜生命，好好地利用这一生，解脱就在今生！

———————————

①捣制：印度加工旧衣的一种方法。

出家乃大丈夫之事

学佛就是要接受佛法的熏习,把我们的心志慢慢地培养起来。要有一种大丈夫的气概,建立起远大的志向、高尚的节操和不退转的菩提愿。

今天,我们找到了共同的依怙——三宝。师长是我们的父母,同参道友是我们的兄弟姐妹,我们以诚心相待,以慈心关照,以道力互相提携策励。我们是佛陀的弟子,就要勇敢承担起佛子的责任,"假使热铁轮,于我顶上旋,终不以此苦,退失菩提心。"

新的一天开始了,有道没道,自己知道。我想提一点:修道中戒定慧三学,戒为根本起点。戒使出家人树立起威仪幢相,并以戒作为转化心的前方便,也可以说它时时都没有离开心,我们常常说归入光明藏。记得莲老法师曾经说过:戒律是人们应该恪守的道德。在家人有在家人的道德,出家人有出家人的道德,声闻乘有声闻乘恪守的道德,菩萨乘有菩萨乘恪守的道德。五戒、声闻戒、菩萨戒,无非是转自己内心的阴暗面,使其成为光明藏。

初出家"毁其形好,辞亲割爱",就是要我们一反世俗的常态,世间人所喜欢的我们都不要了。首先,剃发染衣就表现了出家的女众和世俗的女子不同。从"毁其形好"开始,进而改变我们的内心,把烦恼的一面转成菩提的种子,把阴暗面转成光明藏,这就是修行人要做的。世间人常常说女子仁爱柔和,学佛就是要接受佛法的熏习,把我们的心志慢慢地培养起来。要有一种大丈夫的气概,建立起远大的志向、高尚的节操和不退转的菩提愿。

莲老说,世间人常常谈论革命,其实佛教徒才是最彻底的"革命者"。不单是革别人的命,更要革自己的命,毫不留情地将无始劫来的烦恼习气,种种和修道不相应的东西,统统来一次"革命",都要推翻打倒,继而建立起一种求实观。

我们常常说勤修戒定慧,为什么我们每天要勤修戒定慧呢?因为佛教徒勇于求实,不管什么都要追究到底,要真正了解宇宙和人生的真相。

既然我们有了远大的志向,就希望从小众开始给自己一个彻底的"革命",彻底推翻打倒世间上一切妨碍我们修行的东西。既然要出家,就要把这些全部放下。

学习佛法重在实践，只说不行，犹如说食数宝，终无所益。我们应该理解佛的慈悲用心，应该产生出来一种强烈的誓愿：直至菩提，我永远常随佛学，绝不能再任由自己放逸懈怠。虽然有时管不住自己，但要用种种的方法给予自己提醒。

同愿西方

学以致用

> 若人穿袈裟，不离诸垢秽，
> 无诚实克己，不应着袈裟。
> 若人离诸垢，能善持戒律，
> 克己与诚实，彼应着袈裟。

每天我们都在学习佛的教法，反省自己真正听进去种于识田当中的又有多少。我们哪怕是听进去一句，在生活当中能用起来，也是能对治很多习气毛病的。或者就念一句阿弥陀佛也是可以的，无始劫来的习气不可能一下子就除掉，但一句佛号能给予我们提醒，一句佛号也能让人从中醒悟。

所以，我们应该养成时刻不忘这一句阿弥陀佛的习惯，遇事的时候，要能把这句阿弥陀佛提起来，告诉自己：别贪！别嗔！当和人发生争执的时候，不妨念上几句阿弥陀佛，然后赶快转身离去。因为自己没有这么大的定力，经不起对方对待自己的种种方式，但一句阿弥陀佛可以提醒我离开。俗话也说："三十六计，走为上计。"人就是这样，不能克制一时的冲动，等平静下来的时候，他的思想就会有变化，会觉得这是毫无意义的争执，因而平息了很多不必要的烦恼。

所以，学和用一定要结合起来才能有所利益。这是很粗的事情，如果我们都不能给自己一个克服，想一想：我们还能不能算一个真正的佛子？能不能对得起我们身上所披的袈裟？

佛在《法句经》里教导我们："若人离诸垢，能善持戒律，克己与诚实，彼应着袈裟。""诸垢"，指种种的烦恼。"能善持戒律"，就是说一个人他能够用戒律来对治自己的行为、口业与内心的不善，慢慢地，他的三业一定会起变化。"克己与诚实"是说，一个修行者必须有克制自己的力量。毗婆尸佛的略教诫也说："忍辱第一道，佛说无为最，出家恼他人，不名为沙门。"这也是告诉我们，只有能够真正用戒律来改变自己的身口意，学会克制自己，学会忍让的人，才适宜着袈裟。

我们知道，袈裟是贤圣的标志，是如来搭的衣，一搭上袈裟，就把你划分在贤圣的行列里了。我们今天能够搭上，是多么地庆幸！所以，一披上袈裟就要学会忍辱，就要学会克制自己。儒家还知道克己复礼，更何况我们一个修行者？应该比世俗人更有克己忍让的能力。

在一个僧团当中，最忌讳的就是由于自己的放逸不检点身口，给大众带来不好的影响。我常常对人讲，佛真是太伟大了！比如说制戒，让小众在当比丘尼以前必须先学习两年来磨炼自己。我们知道，小众当中有年龄大的，有年龄小的，有学问高的，有学问低的，乃至有当企业家办工厂的……但不管是谁，一来出家就一律平等，一视同仁，都必须从最开始锻炼起。只要你有不对的地方，任何一位比丘尼都可以来教诫你的。这样实在太好了，要把你自认为了不起的东西统统推倒，全部放下以后，重新站起来。

所以，我们应该理解佛的慈悲用心，应该产生出来一种强烈的誓愿：直至菩提，我永远常随佛学，绝不能再任由自己放逸懈怠。虽然有时管不住自己，但要用种种的方法给予自己提醒。

以前也说过，孔子的学生子长害怕忘记孔子对他的教导，就把孔子的话写上，装在袋子里时刻带在身边提醒自己。我们出家人要比他更进一层，要把佛陀的话好好地记在心里，时时刻刻提起来用在生活当中。每天晚上睡觉之前，摸头自省：我今天善多，恶多，还是无记多？有不足之处明天一定去纠正它、克服它，一天要比一天进步。

慈悲与智慧

成佛的心是什么心呢？成佛的心就是大悲心，你肯给别人快乐，你肯去解救众生的苦难。回归到生活当中，你的一言一行都去为他人着想，去为他人服务。所以，佛教徒的精神就是奉献的精神。

我常常说，不是我们知道的少，而是我们离道太远。学，也许很容易，但是实修恐怕就难了。

实修就是要把我们所学到的知识，认真地去观察思惟，用心去体会。大家都懂得缘起性空的道理，知道应离开对虚幻的执着，但为什么遇境的时候还会为境所转呢？我们这种观空的智慧还没有真正地生起来。用一个专用名词来说，就是见性的智慧没有生起来。见性的智慧实际是我们对空的理解和体验。我们懂得了很多道理，但是归回到内心的时候，有没有明白什么是佛，什么是众生？有位大德说过，当你去掉染污心的时候，就是佛；如果生起染污心、贪嗔痴心，就是凡夫。

一部分人对密法非常好奇，但真正的密法是什么？它一定是依于戒的。不管出家也好，在家也好，戒律一定是根本。拿汉地的出家人来讲，一定是外现声闻相，内里是菩萨心肠的。密法，一定是在这两者结合的基础上才生起来的。

过去西藏有一位很了不起的上师，有很多人跟他学法，没想到他死后堕落到鬼道里，当了驴头鬼。他活着的时候是修大威德的，而且有超群的智慧，辩经的时候常常都是他领先。为什么这样的人死了以后还会堕落，去当驴头鬼呢？因为他没有真正地降伏自心，他的嗔心还在。

西藏每年都有四十天的辩经法会。怪得很，在辩经法会上，常常有一个头顶着袈裟的出家人进来，而且辩经后，那个失败的人一定会死掉。谁干的呢？就是这个驴头鬼。他看哪个败了，就把哪个掐死。后来，西藏辩经会上规定，进去的时候，不许头顶袈裟。以这个事例来说，修行不仅仅是一种形式，而是要以各种方法来达到净化内心的目的。

我们归依的时候，发愿要誓断一切恶，誓修一切善，誓度一切众生。什么是善？你看，哪件善事做出来不是对众生有利益的呢？凡是有利于众生的事情，你就去做吧，它都是善的。断恶呢？常常是在我们自身，一切恶法都不能去做。这就是断恶修善。我们懂得归依的时候要发愿，但是有没有认真地去思惟过呢？

孔子说："三十而立，四十而不惑，五十而知天命。"

我到现在，虽然没有真正地不惑，也没有知天命，但是慢慢地这样走过来，就觉得佛法实在没有离开我们的生活，没有离开我们的一举一动，乃至我们的每一念。

学了那么多，用来检点自己的时候觉得太差了，差的不是一点点。当观照自己心念的时候，看到生住异灭，在不停地转换。我们天天说："应观法界性，一切唯心造。"难道你不恐惧自己这一念心吗？如果不知道通过外在的行来净化自心，我们的起心动念恐怕就会"无不是业，无不是罪"了。因为你一造作，相应地就会有一个种子，将来就一定会有果报。难道你还敢放纵自己吗？所以，我们现在的修行，实在是做得不够。

戒，我们都持好了吗？一个戒行不清净的人，又怎么可能产生真正的智慧呢？到目前为止，经也好，论也好，还没有敢否定清净的戒可以产生清净的定慧的。大家要知道，不是我们知道的理论少，而是我们从来没有认认真真去做过。

刚出家的时候，我认为风水、神鬼等好像和佛教是两回事。但我现在知道了，佛法包括一切法。世间人为什么要按生辰八字来推算人的命运呢？因为你以往所造的业早已给你下了定论。而我们出家人的精神是要积极向上、创造进取、不甘于现状。懂得了这些道理以后，要改变自己。从哪儿改变？首先应生惭愧心。

当我们生病的时候就要考虑一下，自己的身和心有没有和谐。就像世间人讲的阴阳学一样，天为阳，地为阴。我们的这个身体，同样也有阴阳。气和血也是一样的关系，身和心也是一样的关系。讲戒的时候说过为什么我们崇尚单数，因为单数是阳，双数是阴。而说到真正的阳，它又是蕴含的义。天有好生恶杀之德，故天为阳。上升到佛法里呢？就是讲慈悲。有慈悲，还要有智慧。所以，佛法八万四千法门，归回来也没有离开慈悲和智慧。

　　把慈悲升华，就是我们说的菩提心。什么是菩提心？有人会说，成佛的心。成佛的心又是什么心呢？成佛的心就是大悲心。你肯给别人快乐，你肯去解救众生的苦难。回归到生活当中，你的一言一行都去为他人着想，去为他人服务。所以佛教徒的精神就是奉献的精神，你有慈悲心，表现出来的行就是菩萨行。菩萨行归纳起来就是六度万行，万行归纳回来还是六度。六度中的第一度就是布施，布施是让我们去奉献，从布施财物到奉献我们自身，奉献我们的时间，奉献我们的精力，奉献我们的心。

　　归回来讲，出家人一定要持戒，因为它能表现出一种外相。而内在的智慧又决定了你所表现出来的外相，你智慧越大，做得越好，度众生的方便也就越多。所以，内在的充实与外在的表相是不可分割的。因此，读千经万论都离不开这个根本，回到当下就是要注意我们的一言一行乃至一念，让它念念不空过，行行不偏离，言言都要正语。

　　不管师父们也好，居士们也好，一定要知道光阴对我们来讲太宝贵了！过一天，我们的生命就随之减少一天。成就道业需要把握住当下，大家努力精进吧！

具足修行的前方便

我们天天在喊闻思修,要思惟什么?整个的三藏十二部都是教给我们思惟苦空无常的道理。如果你真正能生起来苦空无常想,还有什么可贪的五欲放不下?

我们常常会说到道德,什么是道德呢?简单地说,修行为道,持戒养德。我们出家人的道:"勤修戒定慧,息灭贪嗔痴。"作为一个出家人,如果不能善用其心地来修道养德,就等于没有一个修道的载体。

现在修内观禅的人很多,经常会碰到有人问一些关于禅定的问题。比如说初禅的境界怎么样啊,乃至四禅又是如何等。我们有没有思惟过,当你想得到初禅的时候,应该知道初禅是属于色界天的定,要修色界的定,就必须得放下对欲界的贪著。通俗地说,也就是要去除内心的五盖和对五欲的贪著。五欲指色、声、香、味、触,五盖指贪、嗔、睡、掉悔、疑。这就是达到初禅的一个标准,而要达到这个标准,也是离不开前方便的。

我们天天在喊闻思修,要思惟什么?整个的三藏十二部是教给我们思惟苦空无常的道理。如果你真正能生起来苦空无常想，还有什么可贪的五欲放不下？还有什么五盖不能去除？自然就会照着佛的教去做了。从事到理，然后事理的融合，乃至上升到华严事事无碍的境界，都是完全有可能达到的。

我们想得到初禅，就要去除五欲，离开五盖。很简单，那就要看看我们的心有没有生起来无常想，每天的身口意有没有离恶，在我们的内心里有没有生起来一种智慧，来抵挡住外面的种种诱惑。

如果我们真能善用其心地来修道养德，自然，一切的胜妙功德都能获得。

一念一种子

修行，我们一定要懂得，一念心就是一颗种子。我们要学戒，就是因为我们现在的力量不够，所以要先远离缘非，给自己一个好的环境，让我们先练习每天在八识田中种上这些善的、解脱的、成佛的种子。

修行需要压力。想一想，有多少父母亲眷，对我们有恩的人，都在地狱、饿鬼、畜生道中受苦，还有那些现身在受苦的人们，我们怎么能不念他们？怎么能不好好地用功修行呢？用功并不是说单单看看书本就叫作用功，单单地学几句法相法术就叫作用功，而是要从心里发起来救度他们的真心。

我们做任何事情都有层次的不同。比如行布施，如果想着以后让人来回馈你或者来感谢你，这里面就有问题了。如果真正发成佛的心去布施，目的是让受施者也成佛，这个布施就有价值了。如果再能用妙上的智慧来窥透，知道这一切都是幻化的，不执着能布施的你和所布施的人，还有布施的物品，这样你就不会再被一切所累。

真正的用功修行需要的是一种功夫。为什么我们每天要念经、做早晚课？实际上都是来帮助我们提高定力、开智慧的。如果不往内心里加注佛陀对我们的加持，我们是没有力量来窥透生命、了解宇宙的。

　　我们现在虽然了解了，但是要去实证时还必须要实修。为什么在众多的法门当中，祖师大德要选择念佛法门呢？拿净土宗的四祖法照大师来说，有一次他在吃饭的时候，从钵中看到大圣竹林寺的景象。第二次又看到整个五台山的景象。后来他来朝礼五台山，到佛光寺的时候看到一道白光，顺着白光他就到了大圣竹林寺。其实，当时都是文殊菩萨所化现的。

　　有一个叫善财，另一个叫难陀的童子领他进入，他看到文殊菩萨、普贤菩萨一左一右在那儿坐着，为上万人说法。法照大师上前顶礼请问说：现在去佛甚远，众生业障深重，在诸多的法门当中，当修何法门能得成就？文殊菩萨告诉他：念佛法门。在往昔生中，我就是由观佛的因缘，供养佛的因缘，念佛的因缘而得成就。实际一切妙上的智慧，如般若波罗蜜多、禅观法门等，都是以念佛而得成就。但怎么个念法呢？就是要不间断地去念。

　　修行，我们一定要懂得一念心就是一颗种子。我们要学戒，就是因为我们现在的力量不够，所以要先远离缘非，给自己一个好的环境，让我们先练习每天在八识田中种上这些善的、解脱的、成佛的种子。我们学，是为了要种上这些种子；修，是要给它熏习的力量，所以叫用功夫。

昨天我对一些居士们说，要做成一件事情，只有坚持才能成功，不要找种种借口说你没有时间。一天再没有时间，还不能静上五分钟诵一遍《吉祥经》？不能念三分钟的佛？当然多多益善。

我们应该仔细地去体会，当你真正念到能念所念双亡的时候，这种境界和明心见性又有什么差别呢？我们总是怀着一种自我，以自我来揣测一切，从来都没有真正相信过祖师大德的所见所说，又能相信谁呢？

"广学多闻，增长智慧，成就辩才"，这是应该的，但是我们不应该只执在一种表面。即使证了阿罗汉果的人他还要学，因为理明了事还有迷，不学就不懂。就像我们不学这部经，一定不会讲这部经。但是通过学，你只是懂得了理，如果不去实修，还是很难明心见性的。所以，我们要通过念佛法门来真正明理，真正地去做功夫。

我看到很多人，你和他谈话的时候，嘴里还在念佛。我现在告诉你们：谈话就是谈话，跟你谈话，你就认真地听我说；开会就是开会，你就认真地开会，每一句话都可能成为你言下得悟的因缘。真正的佛号不是念在嘴巴上的，而是要把它念在心里。而念在心里是随缘的，就是一定先要学会发心去成就别人。

告诉大家一个很简单的道理：如果学小乘，你就要达到不损害人；学大乘，就要去帮助人。换言之，就是损害自己，利益他人。真正懂得念佛，念佛能念进去的人，他一定会发无上的菩提心。任何时候他都会珍惜因缘，凡是遇到的人，遇到的事，他都不会错过。

不管师父们也好，小众们也好，都要发菩提心。蒸馍馍的蒸完了，去帮助拣菜；拣菜的拣完了，去帮助烧火；烧火的烧完了，去帮助扫地……要看一下，我做完了她有没有做完，要学会顾全大局。不仅让我一个人得到时间，更希望所有的人和我一起能早早地办完事情去做功课。真正地想得到一种功夫，就必须生起来感恩的心。

亲近善知识不只是一种形式，更重要的是在于心灵的沟通。我刚出家的时候，并不是经常在老法师的跟前，因为白天要去干活儿，走得远远的。但是我亲近善知识的那种心，就能感得晚上睡觉时在梦中和老法师见面，很多时候还会在梦中给我讲法。所以我就知道了，学佛法一定需要一颗真诚心。

承认自己是凡夫

为什么是凡夫?因为我在贪著一切。粗的是贪著五欲,细的就很广了。比如说自我保护意识,别人碰不得,能说不能行种种。知道了自己有凡夫的习气,就要学会慢慢地断除。

慈舟老法师在《佛说阿弥陀经讲记》里说,我们修行一定要入其门,得其要,这样才能很快地进入。反之,如果得不到入门的钥匙,锁打不开,恐怕修行一辈子也不能入得其门。什么原因呢?就是没有得其要领。其要领又是什么呢?也就是发菩提心。要入三宝的门,就要发菩提心。

我们常常会把菩提心单纯地想成"为利有情愿成佛"的心,实际发菩提心就是要能发觉悟的心,明白自己现在是凡夫。为什么是凡夫?因为我在贪著一切。粗的是贪著五欲,细的就很广了。比如说自我保护意识,别人碰不得,能说不能行种种。知道了自己有凡夫的习气,就要学会慢慢地断除。

最近听到一件令我非常感动的事情。一位山里的民办教师是残疾人，他听说一个偏远大山里的小孩子们因为贫穷而不能上学，便发心去教他们。他双腿站立不起来，每天只能爬到教室里，跪在讲台上给学生讲课。就这样整整地讲了三十年，没有人去过问他，也没人说要给他涨工资，更没有人说要给他转成正式的教师，但他一直乐在其中。或许他不懂得什么叫觉悟，但是他却能这样无私地付出。

想一想我们自己，每天坐在这里学习，讨论哪部经哪部论都很容易。但是要让我们切切实实地把自己豁出来，去为众生做一点点事情的时候，恐怕就不是那么容易了。也许你可以出很多钱，也许你也能摇旗呐喊，但是要你真正地三十年如一日，没有名没有利地去奉献，就不一定能做得到了。不要说三十年，就是做上几年可能都很难。

我们在座的每一位都很有善根福报因缘，但为什么到现在还没修出去呢？最主要的原因就在于不能把自己豁出去，更没有像佛陀在因地时为了众生而真正地发起菩提心来。所以，真正的法师不是简单地学出来的，当他明白了道理之后，一定要以理导行，学以致用。如果我们去研究经论就会发现，无论小乘还是大乘，其根本教义无非是告诉我们如何了生死。生死怎么了？就是要放下凡夫的贪著。

《法华经》里说：贪著于五欲就是凡夫。但是，五欲怎么放下呢？一定是从持戒开始，通过持戒远离缘非。离开五欲的诱惑，就能慢慢地开发我们心智的光明。我觉得自己很庆幸，能遇到这么好的戒法。

印光大师曾经说过：即使全世界的人都说念阿弥陀佛没有感应，我还是相信这句阿弥陀佛。我们对戒法也应该具足这样的信心：解脱成佛的路上，一定要以持戒为舟航。如果大家能发起来觉悟的心，都会入其门而得其要的。相信通过努力行持，一定会很快得到修道的利益。

修行不必赶时髦

"法门无量誓愿学",门门都能解脱,不能否认哪一门。但是要看我们的能力,什么法门最有保障。当我们认准了自己所修的法门,知道应该怎样走时,稳稳地走下去。

有许多人告诉我,这几年全世界掀起了学菩提道次第的热潮,好多大道场请喇嘛们去传法。听到这些情况,使我想起了前些年时也是铺天盖地掀起了修念佛法门的热潮,好多道场不上早晚殿,其他的经论也不读,二十四小时念佛,就这一句佛号念到底。

其实念佛法门是三根普被非常好的修行法门,《菩提道次第论》也是非常好的一部论,但如果如同世间人赶时髦一样,时兴一阵念佛,又时兴学习道次第,这样就有点让人担心了。

我这次到太原见到一些六七十岁的老人家,念了一辈子的佛,现在不念了,说学了这么多年佛没找到一个正法,现在开始学菩提道次第,天天组织学习,还要考试。我觉得这也没错,但是我问他们:"你们的下手方便要修什么?"

他们说:"我们现在持咒了,持金刚萨埵咒。"

我就对他们说:"《菩提道次第广论》确实非常好,论中告诉了我们修行的间架结构和次第。八万四千法门,道次第作为一个基础,可以提倡大家来学习。学了以后要懂得因果的道理,知道我们不单有现世,还有后世。如果你只求个来生做人或者生天,福报尽了还会堕落,所以我们要求解脱生死。自己求解脱还不够,还要发菩提心成佛,救度众生也能解脱。你用这样的心来念佛,能得利益。学道理是为了让我们更好地念佛,一方面学习,一方面要入手修行。一定要有自己主修的法门,这才是下手的方法。把这个方法找到了,学什么都可以为它来起作用,不要因为学习丢了自己几十年的功夫。"

学佛一定要懂得佛法的真正内涵,才不会造成扬此抑彼、此是彼非互相攻击的现象。一切经论无非是要告诉我们心、佛、众生三无差别的道理,让我们证得与佛无二无别的心性。

《安详集》上说,修行就是要修正自己的心念,修正自己的行为言语。为什么?因为不修正心念,就要去起坏的心念。起坏的心念就会导致恶的行为,而感得恶的果报。再一个,若不修正自己贪、嗔、愚痴的心念,每天就会生活在烦躁不安之中,你怎么能得到安详?怎么能恢复我们与佛无别的心性呢?

懂得了这个道理，就会明白在佛法当中不要去赶时髦。法门无量誓愿学，门门都能解脱，不能否认哪一门。但是要看我们的能力，什么法门最有保障。当我们认准了自己所修的法门，知道应该怎样走时，稳稳地走下去。望大家好自为之！

修行人就是要学减法

我们刚出家的时候,老法师就教导我们说:"修行人就是要学减法,天天要减少习气毛病。"

给大家讲个"朝三暮四"的故事。

春秋战国时,有个宋国人养了一群猴子,猴子们特别聪明,可以帮他干一些活儿。但遇上饥荒年了,没那么多东西给猴子吃,养猴子的人就对猴子们说:"现在闹饥荒,只有榛子给你们吃。每天七颗,早晨四粒,晚上三粒,这样就可以度过饥馑年了。"

于是,他来给猴子们分配食物,但猴子们躁动不安,表示抗拒。这个人就想:这样交代不了,但也没更多的东西给它们吃啊!他特别聪明,想了一个办法说:"这样吧,早晨四粒、晚上三粒满足不了你们,那就早上三粒,晚上四粒。"他这样去分,猴子们就都满意了。

这就是"朝三暮四"这个成语的由来。从这个寓言当中我们能体会到:众生都是喜欢加法的,今天有了还不够,明天还希望再增加,一天比一天增加。但修行人恰恰相反，我们都是希望减少的，东西越少越好，烦恼越少越好……

我们刚出家的时候，老法师就教导我们说："修行人就是要学减法，天天要减少习气毛病。"所以说到修行，说难也不难，无非是要去除自己不合理的习气毛病，学会不被物所转，不被境所惑。为此，我们比较钝根一点的最好立个目标，今年一年要改掉几点毛病，这一个月要试着对治哪些习气。

佛在《法句经》里说："不观他人过，不观作不作。但观自身行，作也与未作。"在《四分比丘尼戒本》七佛略教诫中，拘留孙佛的教诫偈也有说，虽说法略有不同，但意义相同："譬如蜂采花，不坏色与香，但取其味去。比丘入聚然，不违戾他事，不观作不作，但自观身行，若正若不正。"

所以我经常鼓励那些初学者，当你勇敢地剃发染衣，搭上袈裟，准备要走这条修道之路的时候，就要给自己确定一个目标：我一定要做一个好佛子，做一个好出家人，不断地纠正自己的习气毛病，让我的身安住于佛法的正道上，让这颗心慢慢得到净化。

我们翻开佛的经典，每尊佛的教诫无非告诉我们：修行一定要落实在实处，用佛的法不断地改变自己。如果只是知道了，不认真去修是没用的。就如拘留孙佛的这两首偈,如果我们认真地去思惟,认真地修,慢慢就能让自己的行为和心地纯真,得到修道的利益。

希望各位好好地检点一番自己,看看自己是否把所学所闻的佛法都落实在修行当中了。

实语第一味

> 犹如鲜妙花，色美而无香，
> 如是说善语，彼不行无果。
> 犹如鲜妙花，色美而芳香，
> 如是说善语，彼实行有果。

平常我们都在说，学习佛法需要闻思修三慧。闻，不一定局限于高深的理论，它的范围非常广，乃至听了一首偈，你肯去思惟、实行，也会有所收获的。

佛在《法句经·花品》里面说过这样一首偈："犹如鲜妙花，色美而无香，如是说善语，彼不行无果。"这是告诉我们：一朵鲜花非常美丽，但如果没有芬芳的香味，就会让人觉得有所缺陷。如果一个人只有理论而没有实践，这也是一种缺陷，而且不是一般的缺陷，因为这样会让人没有办法真正得到佛法的利益。比如别人都讲说善语好，但如果不去实行，又怎么能知道说善语的好处呢？

《杂宝藏经》卷二《波罗奈国有一长者子共天神感王行孝缘》中，天神问："何物味中胜？"意思是说：世界上什么味才是第一味呢？长者子回答说："实语第一味。"由此可知实语的重要性。学佛也是如此，一定是从真实开始的。

一个人要衡量自己是否进步，应该检点自己平时所学，有没有通过思惟、理解脚踏实地地去实行。如果没有，即便天天泡在佛法当中，也无法得到真正的佛法。希望大家能把平时所学的，通过闻思努力落实在自己的修行当中。

以佛见为己见

学习佛法的目的无非是让我们认识自我、看破自我、放下自我,最后超越自我。为人处世不要老执着一个我,看问题时也不要先来执着我的见。应该学会放下我见,要以佛见为己见。

"即使雨金钱,欲心不满足。智者知淫欲,乐少而苦多。"人的贪欲是无止境的,出家人上乞佛法也不应满足。因为佛法,我们学得还很不够,要努力地去学去修。所以出家人的时间也是不够用的,时间不够用,就要争分夺秒。

"即使雨金钱,欲心不满足。"世间人的不满足,就像佛在《法句经》里面所说,即使天上雨下金钱,这个钱多得能埋住人的腰,但是作为贪欲的人来讲,他还是不会满足。

"智者知淫欲,乐少而苦多。"有智慧的人,知道世间的快乐都是暂时的,而且还会导致无穷的苦果。其实这种快乐,只是外界的境在刺激我们这颗心时产生的一种感受。但是当那个境没有的时候,所谓的快乐也随之消失了,所以快乐是不真实的。

有智慧的人会常常观察贪欲的过患,因为修行人首先要破除贪欲,不能贪人也不能贪物。之所以要"弃恩入无为",就是要寻找真正的快乐。佛法是黑暗中的一盏明灯,让我们不要放逸,精进不懈地朝着这个方向去努力。每天上课学了这么多,但是怎样通过文字般若进入观照般若,最后了达实相般若呢?这中间一定需要很好的修行。千经万论都是在讲修行的方法,让众生由此了脱生死,彻底断除烦恼,最终成佛。

老和尚讲《金刚经》,也无非让我们在了解经义之后,不落断常二边,树立起正知见。凡夫执常,他看见事件、人物,不了达是仗缘而生的,其本性是空,所以会去执着一个实有的东西。知道了缘起性空的道理,就不会再去执着,但也不会违背缘起的法则。在日常的行持当中一定是如法如律,因为如是因导致如是果。法身是清净的,但是善恶又没有离开法身。

我们通过学习就是要破除凡夫的常见,同时还要了达任何一法都不会独立地存在。比如说,要了生死就必须勤修戒定慧,这说明成佛也要仰仗各种缘才能够证得。

学习佛法的目的无非让我们认识自我、看破自我、放下自我,最后超越自我。为人处世不要老执着一个我,看问题时也不要先来执着我的见。应该学会放下我见,要以佛见为己见。

  我们天天说要长养自己的道德，戒律就给我们立出了标准。不管是止持还是作持，都是训练我们入道的。抛开了这个根本，无论上士道还是中士道，都是没办法进入的。不管你将来的目标定得有多高，都要以戒律为根本。通过戒律的训练，要时常看看自己进步了没有。

  如果一个持戒的人不懂得谦让包容，就要对他的"德"打一个问号了。如果僧团中的每个人都能学会谦让包容，就很容易达到身和共住、口和无诤。现在焦虑的是，大家有没有从最根本上好好地去做。很高深的佛法我们一下子修不起来，所以就要好好地听佛的话，次第学起。大家越学越懂，越懂就要越行。如果行不起来，就要看看自己的毛病出在哪里。如果真的行不起来，还是表示没有真懂。

学会观照

> 从喜爱生忧，从喜爱生怖；
> 离喜爱无忧，何处有恐怖。
> 从亲爱生忧，从亲爱生怖；
> 离亲爱无忧，何处有恐怖。

佛在世的时候，发生过这么一件事情：有一户人家儿子去世了，他的父母整天忧虑悲伤，由于过度的伤心，甚至放弃了自己所做的事情。佛知道了他们的不幸，深怀悲悯，亲自去度化他们。当时的情况是：那些有信心的达官贵人，都是他们自己到寺庙里去亲近佛陀的；而那些难度的、可怜的人，佛则会亲自去他们家里度化。

佛陀来到这户人家，给他们开示说：生死是生命的阶段和现象，每个人都必须面对。正确的方法是从死者的身上生起观照，知道世间是无常的、苦的。而寻求断苦的方法就是"知苦思断集"。想没有爱别离的苦，一定不要种爱别离的因。生起观照吧！观照能让你认识世间，得到解脱。佛即为他们说了一首偈："从喜爱生忧，从喜爱生怖。离喜爱无忧，何处有恐怖。"

这首偈的意思是说，不管人也好、物也好，如果你去喜爱，不去认识观照他（它），将来就会被所喜爱的人和物所累。因为你不认识他（它）的本质就不肯放弃，而耽误用功修行。

由此可知，我们要对生活中所遇到的人和事常常生起观照觉醒，慢慢生起来一种择慧。用这种智慧的力量，正确地面对一切法，而不被其所累。一方面我们无所牵累；另一方面通过它又能促进自己积极向上进取，更加精进地修行成佛之道。

佛又为他们讲了另一位在家修行人的故事。一天，这位在家人在犁地，家人来告诉他："你儿子死了。"他只是淡淡地告诉家人："下一顿饭，少做一份就可以了。"

难道说他的心麻木了吗？不是的。是他从别人的死亡当中了解到无常，更能警觉自己要无所牵累，所以他才能坦然地面对种种苦难。

从上面的故事当中，我们应该有所体悟：修行，不管你学多少，如果不在心里生起来一种觉照，不会警惕自己去觉悟、觉醒，这样是很吃亏的，只是种点善根而已。如果能够边学边思惟观照，也就是边学边修，我们从当下就能够学会解脱自在。这个时候再去做一切事情，我想那就是另外一种感受了。

难学能学　难行能行

如果你要孝养父母的色身，就好好地呆在家里好了；如果你要出家，就要依靠自己修行的力量，决定不让父母堕落。

当我们出家剃发染衣的时候，就和在家时不同了，要学做大丈夫事，我们要学会"难学能学，难行能行"。通过这些来培养我们的修行不容易。为什么？因为做个修行人，是要立志断烦恼的。

比丘的含义为破恶、怖魔、乞士等。很多居士看到出家人，觉得蛮逍遥自在的。实际出家人每天要做的事情，不是要搬石头移山倒海，而是要培养内在的修行，这需要一个非常艰苦而又漫长的过程。

佛在《阿含经》里说要以心修心，以心治心，因为烦恼由心生，还必须用心去治。当烦恼生起时，要马上呵止它，要学会用内心里的智慧和魔军作战。

我们出家人每天受十方的信施，这口饭确实不好吃。吃饭的时候要食存五观，提醒自己是为了维持生命，为成道业而受此食的。吃饭不能离开道，乃至一切时处都不能离开道，念念都在道上。佛说一个修行人一定要努力用功，懈怠的人是没有办法得道的。

我们刚出家时，普超老和尚就和愿老法师说："她们正是好修行的时候，这二三十年不要让她们跑，四十岁以前一定要让她们安定下来。"这个时候是最容易修禅定出智慧的时候，所以我们同学没事千万不要往外跑。如果父母师长重病死亡，不回去恐怕别人讥嫌。但跑对一位初学者来说，实在是没有利益的。

我曾经亲近过莲老法师，见到有位同学说母亲往生了，要请假回去。莲老法师问她："你回去要做什么？"那位同学想：是啊，回去要做什么？老法师说："如果真有本事，虽隔千里也能把她救拔出来；如果没有道行，到她跟前也是徒增伤悲，没什么用的。"后来，那位同学就没有走。

古来大德，那些真正的修道者，哪一个出家不是一走就是三五十年？如果你要孝养父母的色身，就好好地呆在家里好了；如果你要出家，就要依靠自己修行的力量，决定不让父母堕落。"一子出家，九祖升天。"这才是真正的大孝。所以，我们要知道以什么样的力量来帮助我们所关心的人，我们要知道自己的正业是什么。

出家人除了降伏自己的烦恼，做一切利生事业外，还要学会自己解决自己的问题，不要依赖别人。常听人说，出家人三刀六锤，样样都要会。我们一定要记住：出家依靠三宝以后，我们就是堂堂的大丈夫了。要难行能行，难忍能忍，有远大的志向、高尚的节操，还要有不退转的菩提愿力。

感恩别人来挑刺

为什么叫挑刺呢?就像我们手上扎的刺一样,如果让刺一直在手上,就会痛苦一生;如果你现在把手伸出来,让人把刺挑出来,虽有一时之痛,但以后就没有痛苦了。所以,我们要让人家来挑刺。

有些人说,佛教里现在需要"人才的人才"。什么叫"人才的人才"呢?就是领袖,就是说要会做领导。鉴定一个领导,从佛教的角度来说,要看他有没有慈悲心,有没有原则,有没有承担力,有没有责任心……所以,做领导有很多方法需要学习。

就我本人来说,出家后接受的教育基本上属于传统教育。但现在我们要做的是,既要保持传统佛教的特色,保持普寿寺的特色,又要让传统的佛法能够适应于这个社会,立足于这个时代。如果不考虑怎样去适应社会,就很难生存下去。但是单单地去适应,放弃出家人的本份,就没有了根,这种适应是暂时的。

我们知道,一朝一代的替换,万事万物的变化,都是无常的。只有以不变应万变，万变到最后才能归于根本。在调整当中，要有我们的宗旨和理念；在落实当中，要一步步到位。

为什么我们的调整比较缓慢呢？因为我也在学习。这几年经常出去开会，有时候确实也是一种学习。通过开会看看别人的一些领导方式，对自己也是个启发。我希望在保住出家人根本的同时，不断地吸取适应现代的一些管理方法，但是最根本的还是要依靠大家。如果我们都能行动起来，本着一颗愿意给众生真正快乐、愿意让众生解除苦难的心，有原则地办事，有份承担和责任感，经过一段时间的调整，我们会步入正轨，现在也是考验大家的时候。

昨天有位同学说，没和师父在一起的时候，实在不知道师父每天为什么这样忙。她以前就想，出家人每天应该就是诵经拜佛，不操闲心。现在理解到了，如果没有一部分人的付出，大家又怎么能够安定地在那里修学？所以，如果想真正地住持正法，首先必须有一部分人来真心地护持正法。

我最初出家的时候，和那位师父想的也差不多。但我为什么能放弃自己的追求，来奉献于大众呢？因为我看到末法时代，确确实实需要有正法的道场和弘法的人才。

应该说普寿寺也培养了不少人，我们为什么没有那么着急地把大家推出去，做一些弘法的工作呢？就是想让大家多多地从内里充实自己，将来真正地有摄化众生的力量。

我们在学习书本知识的同时，还要有一些实际的经验方法，这一定是走过来的人才会告诉我们的。接触到一些同学，当你真正去告诉她的时候，她都不会那么欢悦地接受。她总认为：师父老是挑毛病，做事情怎么老是不对？

实际她没有明白，师父是想把经验告诉她。这个事情做完了，这里面有什么什么，这就是我们山西人说的一句话——挑刺。为什么叫挑刺呢？就像我们手上扎的刺一样，如果让刺一直在手上，就会痛苦一生；如果你现在把手伸出来，让人把刺挑出来，虽有一时之痛，但以后就没有痛苦了。所以，我们要让人家来挑刺。但是真正愿意给你挑的人也不多，因为没有人敢给你挑，没人敢说你的缺点。

如果让我直言不讳地说句真心话，我只能这样告诉你："真正的发心是什么？真正的发心是奉献，真正的发心是忘我，真正的发心是去团结人。因为你一个人一定做不成大事情，你一定要有能力去团结你周围的人，这样才能够成就大业的。"

佛教兴亡，人人有责。我们既然出家，身为佛子，就要有勇于承担的精神。住在这个道场，不妨锻炼一下自己，看我能承担什么，也从各个方面来积极地提建议。大家都行动起来，普寿寺很快就会有起色了。希望大家都发这份心，建立这份行，共同来完成我们的大业。

真正的智慧

> 愚者自知愚，彼已是智人。
> 愚者自为智，实称真愚者。

看到很多居士来参加观世音菩萨成道日的法会，感到非常高兴。给大家讲一个佛陀在世时的故事吧！

一次法会，很多人来听佛说法。有两位好朋友，也是邻居，各自带着自己的妻子来参加法会。一位男子认真地在听法，另一位则想：正好借此机会，看看别人身上带的物品，能不能顺手牵羊偷一些回去。他发现不远处有一位长者腰上挂着很多钱，于是他用种种的方法，最后终于把钱偷到了手。他为自己的成果而沾沾自喜，心想：我多么聪明智慧，能把这位长者的钱偷到手。

法会结束后，大家都回家了。偷钱的这家买了好多好吃的东西，一家人围在一起，吃得非常地开心。而另一家生活比较贫困，只是粗茶淡饭，草草了事。偷钱的人就笑话隔壁的邻居："你看我多么地聪明智慧，能在大众听佛讲法的时候偷到这么多的钱。而你只是在那儿坐着听法，什么都没得到。"

后来，这件事情被佛陀知道了，佛陀开示说：偷钱的这个人自认为很了不起，其实是个愚痴人。他只顾现前的快乐，不知道思惟人生，根本不懂得他现在偷钱是在种不好的因，将来必定会受到不好的果报。而那位认真听法者，虽然暂时贫困，但他听闻到佛法，内心里非常富有。他真正懂得了应该怎样做一个人，知道了怎样断除堕落三恶道的因，他能生生增上，不会堕落。

所以，贫富的标准不是拿钱财来衡量的，而真正的智慧是能够觉悟人生，懂得应该怎样认真负责地度过人生。

佛即说了一首偈："愚者自知愚，彼已是智人。愚者自为智，实称真愚者。"

前半偈是说：不聪明的人，一旦真正认识到了自己的不聪明，也算得上一位智者。就像大家，虽然现在还没有觉悟，但能体会到人的寿命是有限的，世间的种种享受是暂时的，内心渴求真理，千里迢迢跑到五台山，来到寺庙里参加法会，并希望借此因缘净化自己，感受一种世间得不到的快乐，所以也是非常有智慧的人了。

每个人都在追求快乐，什么才是真正的快乐呢？真正的快乐应该是从内心产生的。为什么这样说呢？因为物质的东西只能给你暂时的享受。比如说，你现在住着高楼大厦，如果给你一个破烂不堪的小房子，又黑又潮，你住进去又是怎样呢？感觉肯定是不同了。我们每天生活在自己的感受当中，生活在物质对自己的刺激当中，从没有享受过内心里产生的那种快乐。当我们真正明白了佛法的道理，懂得了真正的快乐来自我们的内心，它不需要物质的刺激，便会认识人生，知道怎样来度过我们的人生，积极地创造未来。

所以，知道朝山拜佛、知道渴求佛法的人，虽然现在还不是太懂，但已经是很有智慧的人了。世间的人自认为学识超人，比别人都聪明，但如果不知道勤求于佛法，不明白佛法的道理，就不知道怎样离开三恶道，怎样去觉悟成佛。所以，自认为自己很聪明的人，并不见得是真正有智慧的人。

希望大家能以一颗虔诚的心来祈求三宝的加持，祈愿大悲观世音菩萨解除我们的一切苦难。也祝愿大家都能够真正成为一名追求宇宙和人生真理的智者！

尊重之道

一个学佛者，他一定是越修行越谦下，越修行越懂得去尊重对方。如果从理上来说，每个人都是未来之佛，哪一个敢不尊重呢？

这两天到处走一走，碰到一些事情，随便说一下。我看到一些新来的师父对这里还不是太熟悉，客堂的师父要给予引导，我们大家也应该多多帮助她们。如果她们不认识路，要主动热情地告诉她们，比如说观堂往什么地方走，法堂在哪儿，哪儿的路不可以走等。如果她们不小心影响到我们，也应该给予包容谅解。

有一天给小众上课，讲到布施的时候我对她们说："即使是给别人东西，也要学会尊重对方。如果要完成一桩布施，首先面部表情要和蔼可亲，未言先笑，然后很客气地问：'您需要这个吗？'要让对方听了能体会到你对他是出自肺腑的一种关怀、尊重和爱护。"

我们久住的同学，也可以说是学长了，和新来的同学住在一起，要像大哥哥爱护小弟弟一样给予关照，即使是知事也要注意态度。知事们可以感受到,我对你们有不太和蔼的时候,但是我很少训斥你们。我的心态就是生怕对方不欢喜,让你们做什么事情都先要征得同意。有时候大家提出来的建议,即使不合适,我也要顺着话音附和上几句。尽管我有时做不好,但我的内心是特别护念你们的。我希望知事们也能以一颗护念的心去对待后学,不管让她们做事也好,学习也好,都要用一种极其关怀的心去对待。当然,后学也应该学会谦下恭敬,这是互相的。

　　正确的与人交往是人格道德的一部分,也是我们在修学当中必学的。一个学佛者,他一定是越修行越谦下,越修行越懂得去尊重对方。如果从理上来说,每个人都是未来之佛,哪一个敢不尊重呢?即使是骡马牛羊,我们也不敢轻视它们,也许它这一生的罪业受完,比我们还要早成佛,那时我们还要仰仗它来度呢!当我们有谦下恭敬的态度时,我们的心就会变得调柔,并从我们的语言、行为、表情当中表现出来。

　　修行,要修平等心。我所喜欢的人,能正确地放下;所不喜欢的人,能够正确对待;谈不上喜欢也谈不上憎恶的人,也不能对他漠不关心,要学会从内心深处去利益他。只有在我们的心中没有所爱,没有所恨,感受到一切众生都和我们有联系的时候,才能够真正地把他们观想成我们无始劫来的父母亲眷。

修行不是说要等到有所成就的时候再去利益众生，而是要在现实生活的点滴中来培养自己。希望大家在学习理论的同时，更能抓紧时间来训练我们这颗心，训练我们的语言，训练我们的行为。相信大家一定能够做好！

感恩与责任

我们要发成佛的心,学会感恩首先就要学会承担责任。

感恩,也是一种修行。如果真正地知道感恩,也是内心的一种境界。为什么要学会感恩呢?知恩、念恩、报恩,是为了培养我们的菩提心。当看到有人偏重于修这个法门、那个法门的时候,我常常会告诉他们:"千万不要忘了修菩提心,这是我们成佛的根本。"要培养菩提心,就必须先学会感恩。

看上去是在为别人,实际上都是来成就我们自己的。当我们真正地能够去念一切人、念一切事、念一切物,乃至念一切众生的时候,我们已经积聚了福报和智慧的资粮。对此,修行人一定不能忽视,也不要只当成一句话。如果只是说说而已,就不能起到应有的作用,我也是把自己的体会告诉大家。

从事相上来说,别人对我有恩,我去回报,就是所说的"滴水之恩,涌泉相报"。但从根本上来讲,对我们有恩的人,不仅仅是今生遇到的恩人,还有过去生乃至生生世世的恩人,所以感恩的范围也不仅仅是人,还应包括一切众生。因为无始劫来流转在六道中，我们的父母实在太多了，对于我们有恩的众生也很多很多。依此类推，我们理所应当地要感恩他们。

比如说我们有今生的父母，过去生呢？同样也有父母。乃至我们今天吃的这顿早斋，稀饭是谁煮的？行堂是谁行的？再推呢，粮食又是谁种出来的？我们的桌子是谁做的？钵是谁供养的？用的勺子、筷子又是谁做的？所以，一切众生直接间接地都在为我们付出，从这个角度上来说，我们又有什么理由不去念他们的恩呢？

每个人都不能独立地存在于这个世间，都需要有很多人去为自己付出。不要说为了成佛，就是从良心上以心换心，也应该感恩他们。而我们要发成佛的心，学会感恩首先就要学会承担责任。

感恩父母，就要孝养父母。为什么要孝养他们？因为他们生养了我们的色身，这样我们自然对他们就有了一种责任。像这么多为我们服务的人，我们感恩他们，对他们同样也有一种责任。所以修行人无论每天做什么事情，拜佛、诵经乃至一切时的用功，都要为众生祈愿，因为这是你的责任。我们不能说想感恩就感恩，不想感恩就不感恩，一个不知道报恩的人，连禽兽都不如。因为小乌鸦都知道反过来要喂养妈妈的，羊羔在吃奶时也知道要跪在那里。如果我们不去报恩，就是一个连乌鸦和羊羔都不如的人了。

借事练心

别人违背我们的时候,常常会想:我好心为他,为什么不听?这是我们的德行不够。德是从哪里来的?是从我们的一言一行,乃至心念来的。

孔子说:"学而时习之。"意思是说,学了很多,知道了很多,而最主要的是能"时习",常常把它拿来应用。

用到我们修行也是如此。学一点用一点,一日学之,千日行之,什么都在于积累。"滴水成河,粒米成箩。"善是积累起来的,恶不除也会积累,所以平常的功夫就是照看好自己,看住自己的这颗心,要善用其心。平时遇事的时候,看看说的每一句话,做的每一件事,我的心是不是还住在法上面。我个人有很多的体会,事务纷杂的时候,心真的会乱,所以常常生一个惭愧心。

训练这颗心,真的不是一件容易的事情。我们出家人,一切都是坐享其成,我们在这里要做什么?我们不仅要训练好这颗心,而且将来要把这些经验告诉众生,让他们能依于佛的教"勤修戒定慧,息灭贪嗔痴"。

所以我们自己要给自己下一个任务：安居剩下这四十多天，我就来观照自己，看看我的本事有多大。就要保证做到不说一句废话，不做一件和佛法相违的事，我的行为都要进入正确的修学轨范当中。到最后安居结束，给自己一个总结。

说到不乱说话，最主要的是不打妄语，因为这都是我们堕落的因缘，说真语才是上升的阶梯。所以，有的人说话不顶事，要知道这是我们自己修得不好。别人违背我们的时候，常常会想：我好心为他，为什么不听？这是我们的德行不够。德是从哪里来的？是从我们的一言一行，乃至心念来的。所以，我们真的应该珍惜拥有的每一天，让我们的心住于道念当中，让道业天天增长。

图书在版编目(CIP)数据

做个明白人 / 如瑞著 . --北京：社会科学文献出版社，2019.7
　ISBN 978 - 7 - 5201 - 4260 - 1

　Ⅰ.①做… Ⅱ.①如… Ⅲ.①佛教 - 人生哲学 - 通俗读物 Ⅳ.①B948 - 49

中国版本图书馆 CIP 数据核字（2019）第 024074 号

做个明白人

著　　者 /	如　瑞
出 版 人 /	谢寿光
责任编辑 /	赵怀英　张馨月
出　　版 /	社会科学文献出版社·联合出版中心（010）59367202 地址：北京市北三环中路甲 29 号院华龙大厦　邮编：100029 网址：www.ssap.com.cn
发　　行 /	市场营销中心（010）59367081　59367083
印　　装 /	三河市东方印刷有限公司
规　　格 /	开 本：787mm × 1092 mm　1/16 印 张：15.25　字 数：145 千字
版　　次 /	2019 年 7 月第 1 版　2019 年 7 月第 1 次印刷
书　　号 /	ISBN 978 - 7 - 5201 - 4260 - 1
定　　价 /	49.00 元

本书如有印装质量问题，请与读者服务中心（010 - 59367028）联系

▲ 版权所有 翻印必究